U0688764

蓝天伉俪

周向党　陈义红◎著
洪斌◎主编

中国文史出版社

编 委 会

序1

有人说："人生最快乐的事情，莫过于与一群志同道合的朋友奋进在追梦的路上，回头有难忘的故事，低头有坚定的脚步，抬头有清晰的远方。"

此刻，呈现在我们面前的这本书，似乎就是为这段话而写的。

在灿若星辰的历史天空中，我们不难读到金戈铁马的英雄史诗，也时常艳羡才子佳人的浪漫爱情。但当一对比翼蓝天、奉献蓝天的军人，从不同的地方出发，最终会聚在党旗军旗之下、为梦想奋斗的浪漫故事触动我们的心灵时，一时间竟不知道该如何来表达那份震撼和感动。捧读这些炙热的文字，字里行间燃烧着的信仰之火、进取之心、不屈之志，不仅让我们看到了一代人跌宕起伏又精彩纷呈的一生，也为那段波澜壮阔的历史，做出一个个滚烫的注脚。为了追寻这绵长的精神矿脉，我们有必要在历史的长河中捡拾起这些平凡如贝壳、珍贵如宝石的故事——这是他们的故事，也是我们永远的财富。

故事中有红色血脉的薪火相传。1949年9月30日，中国人民政治协商会议第一届全体会议决定，为了纪念在人民解放战争和人民革命中牺牲的人民英雄，在首都北京修建一座人民英雄纪念碑。就在开国大典的前一天，毛泽东主席率领全体代表，在天安门广场举行了纪念碑的奠基典礼并宣读了纪念碑碑文：

三年以来，在人民解放战争和人民革命中牺牲的人民英雄们永垂不朽！

三十年以来，在人民解放战争和人民革命中牺牲的人民英雄们永垂不朽！

由此上溯到一千八百四十年，从那时起，为了反对内外敌人，争取民族独立和人民自由幸福，在历次斗争中牺牲的人民英雄们永垂不朽！

就在毛泽东主席为纪念碑奠基的时候，在山东平阴县一个有着“中国玫瑰之乡”美誉的地方，抗日游击队队长、著名石匠周庆荣的人生轨迹从此改写了。之所以在这里重温这段历史，原因其实很简单——本书的女主人公周向党，与这座人民英雄纪念碑有着血脉相连的渊源。周向党在本书中深情讲述了父亲作为抗日游击队队长英勇顽强以及作为技艺精湛的山东石匠，奉命进京参与人民英雄纪念碑浮雕制作，最终因公殉职的感人故事。故事虽然一直用平和的语气讲述，但跃然纸上的却是一代人抛头颅、洒热血的悲壮史实。一代人披荆斩棘的奋斗历程已成过去，但他们用一生播下的精神种子，已经撒满大地，融入红色基因，汇入精神长河，她不仅根植于女儿周向党的血脉中，也奔涌在我们每个人的血管里。

故事中有面对苦难的自强不息。也许每个人都有属于自己的童年记忆，但周向党向我们讲述的童年，却充满苦难又洋溢着新中国独有的温情。父亲因公殉职、母亲34岁英年早逝，14岁成为孤儿的周向党，拉扯着妹妹，艰难地度过那段岁月。在她的记忆里，有大年三十煮饺子时的狼狈和无奈，也有对一碗稀粥的渴望和垂涎，更有不知名的好心人“5毛钱馈赠的一生铭记”……但透过那一个个辛酸的故事，我们看到的是：生活虽然很苦，但却处处洋溢着自强不息、顽强拼搏的刚毅；活跃在我们眼前的是一个于逆境中奋起、不向命运低头的革命后代永不服输的形象。书中多处“寻根”“寻亲”的细节，也让我们感受到了知恩图报、善心传递永远是温暖我们每个人心灵的一股力量。这或许也是陈义红、周向党夫妇退休后始终热心公益、创办少年军校，回报社会的动力源泉吧！

故事中有军人爱情的坚贞不渝。比翼俯瞰河山，携手勇攀高峰。品味革命后代与王牌飞行员的浪漫爱情，真切地感到，他们的爱情属于祖国的蓝天，属于心爱的战机，属于祖国的万里山河。他们因为共同的使命走到了一起，又在战机的“牵线”下喜结连理，在一次次的生死考验面前，陈义红和周向党用行动诠释了什么叫作“为爱一起飞”。飞行员是一个时刻面临危险的职业，在那个特殊的年代里，他们的爱情没有花前月下的缠绵，没有卿卿我我的浪漫，有的只有一次次的互道“平安”，又一次次欣喜若狂地迎接战机安全返航，他们各自讲述自己的心路历程，却又无比清晰地告诉我们“为爱奔赴”的真谛！无论时代如何变迁，这样的爱情都是令人羡慕的，无论我们经历怎样的悲欢离合，这样的伉俪故事读来都是令人热泪盈眶的。

故事中有远行千里的初心不改。初心易得，始终难守。从年少青葱到满头白发，从热血青年到退休军官，陈义红、周向党这对夫妻的心灵经过岁月的沉淀，闪耀的信仰光芒愈加光彩夺目。他们的父辈，在风雨如晦的旧中国出生入死，在历史幽暗的转弯处以血肉之躯，立起一座座指引中国未来的路标，坚定地选择了光明的道路，他们用自己的流血牺牲，换来民族重生，我们今天的生活，正是他们故事的续集。但是，令我们感动的不仅仅只是周向党退休之后热心社会公益，回报社会的一件件善举，还有她内心的纯粹和淡泊名利的精神，面对“周总理养女”这样的光环，她直面历史，既表达了对一代伟人周总理无比的敬仰，又丝毫没有掺杂一点私欲，并在本书中专门予以澄清和说明，这种胸怀和境界，让这些本就令人热血沸腾的故事，多了信仰的味道和深邃的思考！

就在您即将品读他们的故事之际，作为编者，我们不禁想多说一句：这不仅仅是属于一对飞行员伉俪的专属浪漫，她属于一代人的记忆！

是为序。

洪　斌

序2

翻开《蓝天伉俪》这本书，那一页页滚烫的笔墨，写满了忠诚与热爱，让我心潮澎湃，感慨万千，又将我拉回到了当年的光辉岁月。

《蓝天伉俪》这本书的作者周向党，是新中国培养的第四批女飞行员之一，与共和国同龄，参与了新中国社会主义经济建设与国防现代化建设，见证了人民空军建设发展的辉煌成就。

我认识周向党，要追溯到50年前，我在空军第一飞行航校任校长期间，而今，我们已亦师亦友了。当时，周向党已经是一名中国人民解放军战士，从部队选飞来到空军第一飞行航校。我对她的印象颇为深刻，站在队列排头，一个山东大妞，高大苗条；平时快言快语，与战友们相处融洽。在我们飞行教官眼里，有着与生俱来的飞行特质，勇敢坚强，胆大心细，动作协调，反应敏锐，地面苦练、空中精飞；在同期飞行学员中出类拔萃，第一个放单飞、第一个进入夜航课目训练、第一个独立执行任务，到部队后率先完成高难课目训练。优秀的全天候飞行员，数次担负执行国家领导人专机飞行和急难险重飞行任务，名副其实的蓝天之花。

正如周向党所言："因为我是个孤儿，7岁时父亲因公殉职，14岁时母亲不幸离开人世，虽然我有诸多不幸，但是党和人民养育了我，要知恩图报。我参加工作后，立下誓言：我心向党，我身为党，时刻为党和人民献出一切，所以我姓周名向党。”

周向党出生于革命家庭，父亲参加过解放战争，是一名老共产党员，担任过游击队队长。新中国成立以后，社会主义建设事业百废待兴。周向党的父亲作为先进工人代表，带领三十多位家乡优秀工匠，参加了北京天安门人民英雄纪念碑工程建设，在人民英雄纪念碑工程即将落成之际，因积劳成疾令人遗憾地追随英烈而去。豆蔻年华之际，周向党的父亲殉职，母亲离世，留给她最多的只有生命记忆。像千千万万普通家庭一样，周向党从此挑起家庭生活的重担。

作为革命的后代，党和政府给予了英雄后代更多的关怀与培养。正值花样年华，周向党应征入伍，来到西南边陲某部服役，经受了部队大熔炉的锤炼，在“一不怕苦、二不怕死”的革命精神鼓舞下，坚毅勇敢，永不服输、勇往直前。担任过班长、荣立过三等功。向党曾说，我最喜欢的一首歌曲是：飒爽英姿五尺枪，曙光初照演兵场。中华儿女多奇志，不爱红装爱武装。

蓝天之花，大放异彩。新中国培养的蓝天娇女，在组织的培养下，不负众望，走上了领导干部岗位。在她数十载的飞行生涯中，曾担负过唐山大地震救援、抢险救灾、专机运送等重大飞行任务，在飞行部队中被树为楷模，多次立功受奖，荣获空军功勋飞行人员金质荣誉奖章，曾受到过毛主席和周总理的接见。

保持本色，华丽转身。20世纪90年代，周向党服从组织安排从部队转业，分配到上海工作，先后担任民政局副局长、武装部部长等职务，依然不忘初心，恪尽职守，投身国家经济建设与国防现代化建设。曾经主角，仍为主角。20世纪70年代有一部《英姿飒爽上蓝天》的纪录片，周向党担当主角，反映了新中国培养的新一代女飞行员励志蓝天的巾帼英雄形象，反响强烈，激励了一代又一代的热血青年追逐蓝天之梦。

退而不休，发挥余热，尤其对蓝天情结难以释怀，强国梦、飞天梦矢志不渝。倡导蓝天梦想从娃娃抓起，奔走于政府机构、学校和企业，大力宣传爱国主义教育和国防教育。发挥退役飞行员专业特长，发起并推动创办中国少年军校，初见成效。几十年如一日，投身公益事业，捐资助学。担当联合国和平使者，为和平而生，为和平而奋斗。

不辱使命，感恩时代。时光年轮总是一刻不停地划出我们人生道道印记，记录着我们林林总总的美好故事，我们搁不下舍不得，因为每段经历都是我们人生的转折。从满怀憧憬，到追逐理想，从青葱少年，到霜染双鬓，我们依然不忘初心，矢志坚守。

《蓝天伉俪》这本书，始终充满着作者励志人生的心路历程，释放出我们同属于那个年代的追求与梦想，也折射出我们曾经有过的酸辣与苦涩，甘甜与收获，那是我们曾经的拥有和期盼；而今，即使我们的梦想已经迈过年轻，我们依然追逐着青春的梦想。

《蓝天伉俪》这本书，以作者自身为原型，内容真实，尊重历史，立场鲜明，文笔刚毅，充满激情，感染力强，是一部饱含军旅情怀的励志之作，值得广大航空航天爱好者和青少年朋友拥有和阅读！

受作者委托，谨向中国AOPA退役飞行员战友们致以崇高的敬礼！向为此书提供帮助与支持的各界人士和朋友们表示衷心的感谢。

王钟琦

2022年10月于北京

目录

第一章　周向党：初炉童年

第二章　周向党：英姿飒爽上蓝天

第三章 陈义红：王牌飞行员的梦

第四章 蓝天伉俪，为爱一起飞

第五章　永不褪色的天空蓝

第六章　少年强则国强：倾心倾力创办少年军校

第一章

周向党：初炉童年

第一节　玫瑰乡，我魂牵梦绕的根

我又做梦了。梦里我一会儿在跑，一会儿在飞，时光像风一样从耳边呼啸而过，无边无际的原野、山川、河流，有缓有急，铺展在梦境中。一栋老旧的泥瓦房在原野的那一边，父亲和母亲站在屋前石阶上。父亲还是穿着那件蓝色的大棉袄，母亲还是穿着那件格子的罩衫，他们依然是年轻人的模样。我拼命地向他们招手，越过脚下一丛丛一片片鲜红的野玫瑰。

这是我故乡的原野山川，父母的起程地和归宿点。从梦中惊醒时，我知道，我对他们半个世纪的思念从未减少。

我的故乡在山东平阴县，又称“玫城”。我没有生于斯长于斯，但童年的回忆里，浸润着父亲的耳语，母亲的乡音，他们絮叨的都是这块土地的根与魂。当我回忆童年，寻找茫茫世界里我的那一条来路时，我的目光被这个地方牵绕着、温暖着。

平阴县在山东省会济南的市郊，平阴之名始见于《左传》，因地处古东原之阴，东原砥平，故而得名。其地大致属于考古学文化的海岱文化区。早在唐朝，这里就开始了玫瑰的人工栽植，距今已有1300多年的历史。有介绍称“平阴玫瑰以其花大色艳，香气浓郁，出油率高、品质优良而被誉为世界玫瑰之花魁”。我的家乡就在平阴县刁山坡镇，2005年在行政区划调整中合并到玫瑰镇。玫瑰镇被国家林业局命名为“中国玫瑰之乡”。

唐代开始，玫瑰就被制作成香袋、香囊，明代用玫瑰花制酱、酿酒、窨茶。到清末已形成规模生产。在明万历年间的《续修平阴县志》中有一首歌咏玫瑰的诗歌：“隙地生来千万枝，恰似红豆寄相思。玫瑰花开香如海，正是家家酒熟时。”玫瑰3月中旬展叶，4月中旬现蕾，5月初初花，5月中旬盛花，6月初末花，花期一个多月。在我家里，有不少玫瑰产品，都是家乡父老为我这个远行的游子寄来的牵挂。近些年来，我多次回家祭祖，重返玫瑰之乡，在花开灿烂的季节，不论是沟渠路旁，地头堰边，还是大地园田，房前屋后，到处是一行行、一簇簇、一片片鲜艳夺目的玫瑰花，香气沁人肺腑，令人赏心悦目。我却每每在花海中因思念双亲而落泪，我的父亲母亲也像我这样为花香而陶醉过吗？我的生命与父亲只有短短七载的交集，与母亲也只有短促的14年时光，在他们讲述的故乡里，从未提及过玫瑰花，似乎玫瑰的红艳是远在天际的浪漫，而战火和牺牲才是他们绵延不绝的红色记忆。

第二节　游击队长抗日先锋

我的父亲叫周庆荣，母亲叫陈兴云，都是平阴县西豆山村人，正值他们青春年少的时候，日军的战火烧到了平阴，家乡贫瘠的土地被摧残成荒山和焦土。《平阴县志》上这样记载：1938年5月，平阴县国民党党政军机关因日军逼近，逃离县城。1938年6月28日，日军百余人侵占平阴城。1938年12月，八路军山东纵队第六支队开赴平阿山区，发动群众，扩大武装。1939年平阿山区抗日根据地建立。平阴的一些村自发地组织成立了农民抗日自卫队，自卫队站岗、放哨、盘查行人、互通情报，日军来了及时通知群众转移。

八路军六支队在平阿山区活动期间培养了一批抗日力量，先后在平阴县罗圈崖、薄庄和东平县西柿子园开办农民自卫队训练班，受训的大都是农民自卫队队长和自卫队中的骨干分子。农民自卫队对消灭东阿、东平、平阴、肥城的日军起了关键性的作用。我父亲周庆荣是典型的山东大汉，个儿高，面盘宽，壮壮实实，是田间地头的好把式，而且行侠仗义，疾恶如仇。

日军到了平阴后，八路军在平阴建立起抗日力量，他毫不犹豫投身抗战，迅速成长为当地游击队队长，后来还当上了农委会主席。

奶奶曾经回忆说，父亲带领着战友们，干了几件轰轰烈烈的大事。他们偷袭日军，打击日伪军，歼灭土匪武装，还做了大量的群众宣传工作和绅士名流的统战工作，争取一切可以争取的力量，共同抗日。在他的影响和带动下，村里的许多青壮年都放下锄头，拿起枪杆，义无反顾走上了硝烟弥漫的战场。

父亲参加八路军抗击日军的故事在当地人人皆知，日军知道他的名号，对他恨之入骨，带着伪军挨家挨户搜查他。家里破旧的门板哪能抵抗住横行的强盗，踹几脚、砸上几枪托就开了。西豆山村的老宅住不下去，奶奶偷偷摸摸住到了刁山坡我姑姑家，后来姑姑家这个小藏身点也暴露了，躲避搜查追捕成了我那小脚奶奶的常事。多年以后，我寻根来到西豆山村，许多老人还记得当年父亲抗日的故事。当地一位姓周的人事局局长告诉我，有一次眼见着伪军在搜寻游击队的人，父亲被堵在西豆山村的老房子里。伪军咚咚地砸门，情急之下，父亲翻墙进了后院，又从后院翻墙跳进了隔壁的大娘家里。善良的乡亲把父亲藏在家里整整三天三夜，直到二鬼子搜查队没有动静了才敢让父亲出门（图1–1）。

战火纷飞中，父亲加入了中国共产党，这在当时需要巨大的忠诚和勇气，历经了无数次生死的考验。

有一回，父亲又一次被搜查队的二鬼子撵着跑路，肚子里的那点杂粮早就消化得没影儿了，脚沉得抬不起来，只好跑一会儿，就在庄稼地里歇一会儿。青黄不接的时节，地里也没有吃食，好不容易遇见一片地瓜地，地瓜长得半大，父亲刨出来，带着泥土就往下咽。几口地瓜救了父亲的命。

■图 1–1　周向党和掩护父亲的大娘的合照

还有一回，父亲往火车站去传递一份情报，途中不巧当面撞见了伪保长。前路是凶神恶煞举着枪的伪保长，身后是密密麻麻的庄稼地，父亲灵机一动，说了一句“我身上有钱”。那一捆“钱”是父亲拿手纸卷的芯，外面用几张钱包着，看上去是厚厚的一卷钱。伪保长很高兴，低头去接钱。父亲把钱使劲儿往远处一扔，趁着伪保长捡钱的工夫，父亲往庄稼地里一侧身，撒腿就跑。正好远处有火车来了，父亲扒上火车，又躲过一劫。

第三节　写满血泪的鱼水深情

记忆中父亲用粗糙的手把我搂在怀中，把这些事讲过来讲过去。我钻进他的大蓝棉袄里，好奇地问："爸爸，我要听你打鬼子的英雄故事，为什么总讲这些被鬼子撵着跑的事？"父亲笑着叹口气，不多解释。直到我成年后，尤其是参军入伍当了飞行员，体验到了性命时常拴在裤腰带上的危险之后，才对父亲的记忆有了更深刻的理解。保家卫国，血肉皆可抛洒，但性命之重，谁又不珍重呢？尤其是这条性命里有无数乡亲邻里的无私庇佑，这条性命里满含着全村百姓对收复家国、抗击侵略者的胜利渴望。

父亲说，他躲藏在邻居大娘家里的那三天三夜，大小鬼子在西豆山村掀起了腥风血雨。村东头有一个小学校，二鬼子拿枪赶着所有的男女老幼，把父老乡亲能走得动的全都赶到了学校操场上，叫嚣着要村里人交出父亲。老实巴交的乡下人，低着头，没有一个人吭气。而当时，我母亲就藏在人群里面。父亲比母亲大了12岁，那会儿乡亲们把母亲藏在人群里面，母亲也还只是一个半大的丫头。闹鬼子最厉害的那年间，刚刚14岁的母亲就成了孤儿，为了活命就做了乞丐，拿着一根打狗棍在乡野茅舍挨家挨户要饭，一直讨到了西豆山村。奶奶看她实在可怜，就收留她进了家门，帮着奶奶一起纺线种地过日子。乡亲们都知道这层关系，可没有人把母亲交出来，更没有人提及父亲的下落。小小的学校操场上，死亡像乌云压顶，乡亲们用低头沉默表达对敌人无声的反抗。

■图 1–2　西豆山村干部及四爷爷后人（左二）与周向党（中间）合影

敌人左盘右问，终于弄出来一个人，人称“歪脖子四叔”。按照辈分村里人都叫他“四爷爷”。这位四爷爷是农委委员，坏蛋把他拽到人群最前头，二鬼子拿起顶学校黑板的粗杠子，一杠子就把四爷爷打翻在地。一直到把手臂粗的杠子打断，四爷爷也没吭出一个字。鬼子的心更狠，看见人群里有大着肚子怀孕的妇女，一刺刀下去，把孕妇的肚子挑了。几十年后村里有老人跟我忆起这事时说，那血糊糊的肉就跟猪肉一样翻翻着，可怜的婴儿还在抖动，跟电影里面演的一模一样。

父亲是英雄，这是儿时我对父亲的印象。乡亲是护佑英雄的英雄，这是父亲在我心底扎下的根！2015年8月20日，“历史不会忘记——平阴县纪念中国人民抗日战争暨世界反法西斯战争胜利70周年”展览在县青少年活动中心开展。在一块块展板前，我终于看到了父亲和他的战友、他的乡亲在平阴县历史上创造的永不磨灭的功绩。

1937年7月7日全面抗战爆发后，大江南北，长城内外，全体中华儿女冒着敌人的炮火共赴国难。中共平阴地方党组织正是在抗日烽火中创建与发展起来的。在党的坚强领导下，平阿山区抗日根据地从无到有，从小到大，面积达到了1125平方公里，人口达到了25万人，是泰西抗日根据地的重要组成部分，是山东省委、泰西地委和部分县委去黄河以北、湖西根据地至太行山区、延安等地来往人员、传递信件的一条重要交通线，具有重要的战略地位。抗战期间，中共平阴地方党组织团结带领全县军民万众一心、同仇敌忾，同日本侵略者进行了英勇顽强、艰苦卓绝的斗争，共进行大小战斗百余次，攻克了近40个敌伪据点，毙、伤、俘日伪军3000余人，先后有300多名共产党员、干部战士献出了自己宝贵的生命（图1–3）。

■图 1–3　父亲周庆荣

花开之季，我重返玫瑰之

乡，看到已经成为瓦砾的老屋。老屋门前的泥地上，高高的野草随风轻扬。70多年过去了，老屋门前的路依旧人来人往，这条路是父亲走向革命的必经之路，在泥土深处一定还印着他那坚实的足迹。想到这，我弯下腰，捧起一把故土。如果要有一缕记忆中的温情，父亲的记忆应该与这条路、这座屋息息相关（图1-4）。

■图 1-4　山东济南平阴西豆山村祖屋宅基地

父亲就是在这座老屋里出生的，也是从那个小石屋里走出去参加了革命。这座百年老屋现在早已失去颜色，成了废墟。看见了这座屋，也就等于找到了父母的根、我的根。参加革命前的父亲，的的确确是出身于中国社会的最底层，但贫穷不乏正义，苦难饱含力量。叶落归根，父母亲在北京离世，60年后迁葬回乡，父亲、母亲、哥哥的灵位、骨灰盒就放在周氏家族最年长的三叔家里过夜。那天清晨，天上稀稀落落飘起洁白的小雪花，当地的乡亲自发地都出来了，送葬的队伍有几百米长，白孝布就用了几匹。沿途还摆了供桌，照片、骨灰盒摆放在四人抬的大桌上，年长的老人也恭敬地上香跪拜！我非常感动，我真诚地跪拜了乡亲！我仰天大声呼唤："爹！娘！家乡父老没有忘记你们，放心吧！安息吧！"我跪拜在父母坟茔之前，感受着小草的颤抖、白云的呼吸、电闪雷鸣的哭泣、花魂的密语。父亲母亲，我和你们别离半个多世纪了，此刻你们能听到这天地之间最为深切的倾诉吗？铁马秋风里，山河入梦来。静静地，轻轻地，我仿佛看到了山峦丛林间你们潇洒飘逸的身影，听到了从那遥远的天堂飘至耳畔的喃喃细语。

第四节　蓝大衣与人民英雄纪念碑

一、父亲进京

赶跑了日军，父亲卸下游击队队长的身份，恢复了他本身的职业：方圆百里的石匠大师傅、农会主席、西豆山区域共产党的第一任书记周庆荣。

齐鲁多山石，平阿地区石山林立，在西豆山村孕育了一支石匠的队伍。听父母亲说，“打墙盖屋”是村里每个青年男子的头等大事。村子的后面有几个石头窝，石匠们先找好石群，打眼，放炮，然后点炮炸开后，再慢慢地细心打磨，石头被打磨成立方体后才能成为真正意义的盖屋石料。父亲心灵手巧，只要他看过的石匠活，他就能干出来。加上他能描会画，他画的水墨画活灵活现，山石显露出风骨秀丽，荷叶、荷花，妖娆生动。父亲的石工手艺比一般打石房子的匠人要精细许多。附近有谁家盖房子，就提前找父亲商量：盖什么样的房子、需要多少材料等。渐渐地，村里的石匠都愿意跟父亲干，加上父亲是中国共产党员、农会主席，自然而然也就成了村里的石匠头。

但是历史总是在不经意间拨弄着一个人的命运，有些转折来得猝不及防，却足以改变人的一生。如若不是一个重大的历史决定，父亲也许就会在山东老家以一名石匠或者基层干部的身份度过他的人生岁月。就在新中国正式成立的前一天，一项决议的做出，让一位山东石匠和一座世界闻名的宏伟建筑关联起来，并永远筑入了他的血肉和灵魂。对于此事，新闻是这样记载的。

“1949年9月30日，新中国正式成立的前一天，中国人民政治协商会议第一届全体会议做出一项决议：为纪念自1840年以来为反对内外敌人、争取民族独立和人民自由幸福，在历次斗争中牺牲的人民英雄们，在天安门广场建立一座人民英雄纪念碑。当天18时，毛泽东与全体委员来到天安门广场，为人民英雄纪念碑举行了奠基礼。”

1952年8月1日，人民英雄纪念碑正式开工。对于人民英雄纪念碑，大家耳熟能详的是郑振铎、梁思成、林徽因等专家大师，口耳相传的是从青岛采集巨石运往北京的传奇经历。但鲜为人知的是，在这一块俯仰天地，撰记了一代代中国人忠诚信仰的大碑上，一批石匠工人对纪念碑浮雕的雕刻同样起到了十分重要的作用。

回溯这段历史，人民英雄纪念碑浮雕设计者之一曾在接受媒体采访时说，1952年至1955年，从全国各地招集200多名石工进京，分10个组，有的负责装饰花纹，有的负责雕刻浮雕。

作为历史的参与者，父亲成为带队人，领着平阴地区30多名擅长石雕的能工巧匠，离开熟悉的土地、父母、妻儿，从胶东平原北上来到首都北京。

二、光荣的人民英雄纪念碑建设者

1952年，在北京的父亲正值壮年，我隔着半个多世纪看着幸存的泛黄照片，都能真切地感受到他参与新中国伟大工程建设的那股风发意气。父亲干活不知疲倦，村里人都叫他“骡子”。谁也不曾想到，仅仅几年之后，身板硬朗的父亲再归故土时，已是骨灰匣里的一捧骨灰。

父亲进京，也改变了全家人的命运。母亲随父亲进京，进了北京皮毛三厂工作。1950年农历二月初二，老辈人都称“龙抬头”的日子，我踏着黄道吉日呱呱坠地，因为是立春（据说那一年是打了两个春）父亲给我取名春英，按周氏家族辈分排周美是格式固定好的，父亲授英字，因此我叫周美英。回想起来我总有一种感觉，冥冥之中，父亲给我起的是“鹰”，是展翅高飞的雄鹰！所以常常做梦我在天上飞，下面有山有水、有动物！

婴儿时期的故事已无从考证，打我记事起，我们一家子住在丰台区南苑地区的一所老平房院子里。我依稀记得，父亲格外宝贝我这个小丫头，专门找裁缝给我轧了一条布料的背带裤，前面缝了一个小口袋，装上沙土，沙土是他细细筛过的。这种带着乡土印迹的做法，寄托了他把女儿的健康性命系牢实的朴实愿望。我有一个大我4岁的哥哥周美龄，我经常跟在哥哥身后打闹嬉戏，等待着院门口父亲的自行车叮铃叮铃一串响，工作了一天的父亲母亲笑脸盈盈归来，全家人在小院里摆上吃食，小小的我依偎在父母怀中数星望月……这是我苦涩的童年里，仅有的几年快乐时光。

父亲当时的任务是雕刻纪念碑底座上的浮雕。当时，由北京市政府负责纪念碑的建设工作。按照人民英雄纪念碑的设计方案，在碑座的四周，由高2米、总长40.68米的8组10幅浮雕组成，每幅浮雕设计20个左右的人物，人物形象不仅形态各异，还都要和真人一样大小。制作如此大规模、高标准的纪念碑浮雕，在当时的技术条件下，绝非易事，因此有关部门领导起初是建议从苏联聘请雕刻家和工艺师来承制。但最终决定由中国自己的能工巧匠来完成这一历史创作（图1–5）。

■图 1–5　胸口戴牌、个子较高的是父亲周庆荣（第二排左五）

父亲他们这批石工长期从事中国民间雕刻，传统雕刻技艺很高，但对西方雕刻技术并不了解，也没有形成比较统一的风格。如果每人的风格不同，会影响人民英雄纪念碑浮雕的刻制效果。有史料记载，在著名雕塑家、人民英雄纪念碑浮雕创作者刘开渠的领导下，石工们接受了很长时间的培训。雕塑家们拿出自己的人像雕塑作品，让石工们练习。浮雕所采用的汉白玉开采于北京房山，完整的大料不容易取得，为确保石料不被浪费，石工们在练习人像雕塑的基础上，再进行纪念碑人物试刻。经过一年多的练习，石工们熟悉了从粗刻到细雕的方法，有力地保证了纪念碑浮雕石刻任务的完成，他们也在实践中成长为新中国第一代兼通东西方雕刻技术的优秀石雕艺人。

经历过抗日烽火的父亲，在新的岗位上也展现出了他过硬的品德和才干。父亲是工会主席并作为工人阶级的代表，他是参加人民英雄纪念碑奠基人的10位代表之一！我至今记得，在我家的镜框上面挂着那个代表证的光荣布条，布是黄底，印着红色字体的“代表”二字。父母亲非常宝贝这个代表证，一直高挂在最亮眼的正面墙上。与代表证同时高高悬挂的，还有父亲两枚功勋章：一枚镶着天安门图案，一枚镶着国徽和麦穗。那时候我贪玩不懂事，曾偷偷拿了功勋章，在下面放块布缝在皮子上做毽子踢，有一次倒泔水时在桶里发现了这个毽子，我马上捡回来了！

父亲去世后，家里遭遇巨变。那年济南来了一个从未谋面的大娘，把墙上的照片包括黄底红字代表条统统扯下来一并烧了，一边扯一边归拢，嘴里还自语说：“人都没有了，留这些东西还干什么呀！”没能保存好父亲一辈子最光荣的遗物，成了我终生无法弥补的遗憾。

三、温暖的蓝大衣和小小的我

全新的创作，紧张的工期，迫切的技能进升压力，让父亲越来越忙碌，盼他回家成为我的一件大事。为了方便他在天安门的工作，我们家从南苑搬到了前门大街，人称“山涧口一条龙”的大杂院里。那会儿大院都有名字，在“一条龙”对面，是“老虎洞”。伴随着两个妹妹陆续出生，这些胡同杂院成了我们的游乐场。哥哥文弱喜静，又已经上学，天性活泼胆大的我成为胡同里的孩子王。

有一次，父亲多日未归，全家人扯着脖子盼啊。母亲不放心了，上肉铺称了一块油汪汪的五花肉，搁上菜剁了馅，包了一碗山东大饺子，用小包袱装着让我给父亲送去。当时的我5岁左右，自然是不识路的。在前门大街往天安门工地方向走的人也很多，母亲就叮嘱我：“我还要上班，给爸爸送饺子的任务就交给你了。跟着人家大人走，尤其过马路一定要揪着大伯大叔的衣襟走，千万别走丢了。”我懵懵懂懂地接过饺子，心里还惦记着，能找到父亲吗？到了工地上，远远就看见父亲穿着一件蓝色大棉袄，个子高高，腰板挺挺的。父亲见我来了，一把把我抱进怀里，用棉袄把我紧紧裹住。父亲的棉袄好大，带着工地上石头和爸爸的气味，这股味儿至今还暖暖地在我的脑海里，记忆犹新。

吃完饺子，父亲不放心我一个人回去，就把我带到工人加班休息的工棚里。所谓的工棚，就是一个大门洞，门洞的一头堵上，里边打的是大通铺，我记得很清楚，父亲住在通铺的最外面。晚上，门洞外的风刮得呼呼响，天空吹得黑蓝黑蓝的，我透过门洞的缝儿能清楚地看见天上的星星。父亲搂着我蜷缩在他的被窝里，那件蓝大衣搭在被窝上，第二天天一亮，父亲和工友就上工地了。我小时候头大、眼睛大，头上扎着两个刷子辫，一笑还有两个大酒坑，别人都叫我大头娃娃、洋娃娃脑袋，我是父亲和工友们的开心果。大人们都走了，我一个人摇着脑袋、晃着两个小辫子，在通铺上从这头跳到那头，我开心地想这炕可真大，可以唱大戏了。

午间休息时，父亲回来了，把我抱到他雕刻的纪念碑浮雕下。我看得很仔细，是抗日战争那一面墙，女游击队员身形、头型都像我妈妈，还有一个老爷爷用篮子装地雷，场景很像父亲讲过他打游击时候经历的事情。那块浮雕是我父亲留在世上的永久佳作！几十年来，我多次走近人民英雄纪念碑，这十块汉白玉的大浮雕，镶嵌在大碑座的四周，也镶嵌在我的心里。我清楚地记得他们的图案和数据。

十块浮雕的内容经由范文澜先生领导的小组认真推敲，并由中央审定，共包括八个题材，分别是《虎门销烟》《金田起义》《武昌起义》《五四运动》《五卅运动》《南昌起义》《抗日游击战争》和《胜利渡长江解放全中国》。其中，胜利渡长江解放全中国题材中包含了支援前线、胜利渡江和欢迎人民解放军。这些大浮雕高2米，总长40.68米。据地质学家化验证明，这些浮雕至少能耐久800年到1000年。每幅浮雕里有20个左右英雄人物，每个人物都和真人一样大小，浮雕呈现出来的人物面貌、性格、思想、感情和姿态形象都不相同。浮雕创作在纪念碑设计中占有重要的地位。

碑身的西面，第一幅是“八一南昌起义”浮雕。画面从一个连队的角度来表现这一伟大起义的情景：1927年8月1日早晨，一个连队的连长，挥着右手向战士们宣布起义，战士们举着起义的信号——马灯。起义的红旗举起来了，战马在呼啸，劳动人民正在帮助搬运弹药，人群激昂地振臂高呼。从这时起，中国人民有了自己的武装部队，展开了以革命武装反对国民党反动派武装的斗争。

紧接着的一幅是“抗日敌后游击战”，浮雕上展现的是抗日战争时期太行山区敌后游击战的场面。远远望去，游击队员们正穿过茂密的树林和青纱帐，去和敌人战斗。画面上，青年男女农民拿着铁铲背着土制地雷，白发的母亲送枪给儿子去打击日本侵略者，年轻小伙子站在指挥员身旁，等候命令，准备随时投入消灭敌人的战斗。

也许是历史的宿命，也许是历史的巧合。父亲作为曾经的抗日游击队队长，这次重点雕刻的正是“抗日敌后游击战”这一部分。浮雕上有一个女游击队员，身形模样和我母亲一模一样。还有一个老爷爷，拎着一个土篮子，给游击队员送地雷。这两个人物形象是父亲一斧一凿雕出来的，是他引以为豪的杰作（图1-6）。

■图 1–6　父亲雕刻的浮雕右半面

用手抚摸着父亲的雕刻，就好像重新握住了父亲的大手，感受他掌上的纹路和温度。在人民英雄纪念碑的建造过程中，这一批默默无闻的石匠与纪念碑的设计师们一样，为后人所铭记！

四、父亲因公殉职

1958年4月22日，人民英雄纪念碑正式建成。父亲和工友们用自己的双手，把历史定格在一幅幅浮雕之上。但遗憾的是，他未能看到自己亲手雕琢的作品正式呈现在世人面前的光辉一刻。他走得太早了！我依然记得我7岁那年，有一天很晚了，我还在胡同里玩，突然听见父亲回来了。我欢天喜地地去迎父亲，却发现父亲的脸色蜡黄，腰也佝偻了。回到家他就开始吐血，吓得我不敢往他跟前凑。那次之后父亲被送到了虎坊桥附近的职工医院，再也没有回来。母亲在医院里陪着父亲，后来她告诉我们，父亲很久没吃东西，走的那一天突然说想吃碗面。母亲急急忙忙去给他买了碗面，端回来没有吃两口，父亲就走了，永远地离开了我们。

我还记得，我家住的房子正对着大院的大门口。进门左手住着贾爷爷、贾奶奶，他儿子也当过八路军，骑着高头大马回过大院，让我好生羡慕。进门右手边住着的老大爷家里生活困难，农村亲戚多，我父母亲都有工资，时常接济他。这两家和我们家的关系都特别融洽。院里还住着两位解放前的姨太太，时常说些酸溜溜的话，笑话父亲：“你是共产党的党代表，跑到我们院里还当什么代表？”尽管我还年幼，也体味出大院的一些人生百态。也因着这些事，“一条龙”进门的一堵挡壁墙不知何时给拆除了，我家房子就直冲冲地面对着大门。贾爷爷说，“不该拆了挡壁啊，你爸就这么没了”。

我作为共产党员，对这些带着神秘色彩的说法自然不信。但这些传说里，我感受到工友和街坊们对父亲英年早逝的惋惜，对他人品的肯定和赞赏。这一生，我都在仰望着我的父亲！父亲是我心目中的大英雄。我始终认为父亲和焦裕禄很像，尤其是小车不倒只管推的精神更像。

父亲什么都没给我留下，唯一的念想就是那件曾经包裹我的蓝色棉大衣。每当思念父亲，我就把头深深地埋进那件大衣里，闻闻它的尘土味，幻想着父亲还在用大衣抱着我。20世纪60年代“文化大革命”大“串联”的时候，我回家探亲，一个瘦瘦的外地男孩子在前门大街冻得哆哆嗦嗦，对我说：“大姐，我冷，能不能借我件衣服。”我也没有多余的男式大衣，就把父亲的蓝大衣送给了他。没想到这个男孩子“串联”结束回家之后，把这件大衣洗干净又给我寄了回来。我还记得他的名字叫刘光辉，家里是部队的。

1979年底，又是一个寒冬，女儿出生三个多月。按照老北京的习俗，一百天要“挪骚窝”，我从飞行部队的公寓宿舍，挪回到了前门大街的老房子。一天大院门口闹哄哄的，周围一圈人在看热闹。那会儿“周向党”这个名字已经有些知名度了，不知谁说了一声“周向党来啦”，大家让开一条道。我挤进去一看，地下躺着一个80多岁的老大爷，身上盖着一张草席子。大家七嘴八舌地传，老大爷是打过仗有过战功的，来前门大街找一个老亲戚，结果亲戚离世，亲戚家里的儿孙不敢认他，老人家孤苦伶仃，一头倒在了胡同口。

前门大街的老房子我平日住得少，没什么家人。我回家翻腾半天，又找出父亲这件蓝大衣，犹豫再三，把大衣盖在了老人身上。接着给派出所打电话，警察把老人接走了。不多久，警察告诉我，老人走了，蓝大衣你还要吗？我想了想说，不用了，这个大衣就陪着他吧。

父亲的蓝大衣就这样盖在了曾经为革命做出贡献的老人身上，给了他最后的尊严和温暖，陪他走完了人生的寒冬。我想，父亲是不会怨我的。

从父亲率队进京，到1957年因公殉职，我的父亲就像他的铁锤铁钉一样，铆在工地上。每当我走近人民英雄纪念碑，走到抗日战争浮雕前，父亲磨凿、擦抹浮雕的样子就浮现在我眼前，扎根在我心里。一年又一年，每当思念父亲时，我就去人民英雄纪念碑敬献花篮。后来，天安门广场管理升级，纪念碑不能随意接近，我给天安门管理处打电话，在听完父亲与人民英雄纪念碑的渊源之后，管理处工作人员破例允许我们把花篮送到毛主席纪念堂，让我们单独祭奠毛主席。我们静静地祭拜主席坐像，敬献花篮，围绕伟人毛主席水晶棺默哀。我父亲曾经说过，父亲作为工人代表，他近距离地见过毛主席、周总理，这次我们见到了毛主席，宛若见到了父亲（图1–7）。

从那次以后，我怕给管理人员添麻烦，就很少再去了。

■图 1–7　瞻仰毛主席纪念堂前纪念碑

第五节　苦难童年的序幕

女儿小时候写作文，问我童年是什么颜色的？我的儿时已经远去半个多世纪了，每当回忆闪现，总是泪水涟涟。

父亲因公殉职时，我年仅7岁，母亲才29岁，最小的妹妹还在襁褓中吃奶。在街坊邻居看来，这一家的苦难已经到了顶点，可谁又知道，我苦难的童年才刚刚拉开序幕。

1957年11月，《人民日报》发表社论，提出了“大跃进”的口号，1958年开始，号召全党和全国人民争取在15年或者更短时间内，在主要工业产品的产量方面赶超英国，母亲当时在北京市皮毛三厂工作，她把丧夫之痛深埋心底，忘我地投入工作生产中（图1–8）。

■图 1–8　母亲陈兴云

我当时不明白，上无亲朋援助，左右少了倚靠，下有幼雏待哺，处于焦灼中的母亲为什么这时候还有如此强烈的工作热情呢？如今回想起来，一是她的凄苦出身，二是她的坚强性格。

母亲14岁时成为孤儿，她挂在嘴边的一句话就是："新社会真好啊！"她把我们几个孩子搂在一起忆苦思甜：小时候没有衣服穿，一件衣服从冬穿到夏，从秋穿到春。冬天把几团旧棉絮缝在衣背上，就是棉袄；夏天把黑黢黢的棉花拆下来，就是单衣。喝的粥，清得可以照见鼻子、眼睛。她手里拿着一根打狗棍，走村串户讨饭吃，最怕就是家狗野狗，看见她这副叫花子样就狂吠不止。她还讲"蹚水过河腿要紧着迈，不然的话就要陷进河沙里"。

她又讲，新社会好，工友们到了10月1日都去游行，上天安门看毛主席，我身体有病排不了队，去不了游行看不到毛主席，我就好好加班工作，把工作任务拿到家里面来做，向毛主席献礼！那时我就觉得，母亲对国家、对新社会的感恩，与她的苦难息息相关。那时母亲就告诉我，没有共产党就没有新中国，也就没有我们今天。

夏天的北京多雨，但夏天又是晒毛皮子的最佳时节，皮毛厂满院子铺着一张张的整皮子。眼瞅着黑云一来，大雨点噼里啪啦往下落了，胡同里的人慌慌张张往院里跑，收煤饼，收衣服。母亲与他们相反，紧紧张张地往工厂里跑，去收皮子。皮毛三厂离我家很近，我们住在前门大街山涧口，皮毛厂好像就在金鱼池。等母亲浑身滴着雨水回到家，我们家的那些煤饼早已被雨水冲得散了形，黑煤水从院里一直流到院外。

母亲爱厂如家，不时拿回来先进生产工作者和劳动模范的奖状，工作成了她的精神寄托。母亲特别爱看报纸，1958年《北京晚报》发行，2分钱一张，她每天必看。买报的任务交给我，我常常是排着队买上，蹦蹦跳跳地把报纸递到母亲手里，就为看到劳累一天的她眉头舒展一下。

那时候的亲戚家里孩子多，都不富裕，他们知道我父亲因公殉职，单位给家里发了一笔2000元的抚恤金后，家里一下子热闹起来，不少老家人找上门来。印象中有一个叫“传柱”的堂哥，是平阴老家大爷的儿子。堂哥一进门，就臊眉耷眼地向母亲哭诉，钱包丢了，请婶子给买一辆自行车，再周济点路费。哥哥周美龄有点小机灵，他见堂哥穿着件白衬衣，他拿胳膊故意把白衬衣刮起来，刚好看见堂哥拴在腰上的钱包。我不知道母亲究竟是怎样处理这些闹心事的，现在想起来，真是替她心酸啊。

济南来了位大娘，我的奶奶被她接走了，父亲的自行车被她儿子也就是我堂哥骑走了，堂哥又拿了些父亲的抚恤金。大娘说让我找个人家嫁了做童养媳，大妹妹跟着她们住，小妹妹送到孤儿院。如果听她的，我们一家就被拆散了，母亲没有同意。

屋漏偏逢连阴雨，船迟又遇打头风。接下来发生的事情，彻底击倒了年轻的母亲，险些拆散了我一家人。

父亲过世没多长时间，哥哥周美龄就灾病不断。哥哥患有先天性心脏病，最开始是腿肿，渐渐地睡觉也不安稳了，经常半夜听到他大叫着起来，说梦里有红脸大汉来绑他。病情反映到父亲和母亲的单位，单位的领导都很重视，把哥哥送到离家不远的“北京中苏友谊医院”，也就是现在的友谊医院。这所医院是20世纪50年代苏联在北京援建的大型医院，具备很好的医疗条件，母亲简单地认为，把哥哥送到医院里面他就安全了，所以她还是加班加点地一心扑在工作上。

有一天她正在工厂劳动，就听到大喇叭广播喊：“陈兴云，你赶紧去中苏友谊医院看你的儿子！”原来是工厂里接到了哥哥的病危通知，叫母亲速去。母亲吓得腿都软了，虚汗出了一背襟。连奔带跑赶到医院时，哥哥已经快不行了。哥哥抬起眼皮，一看是母亲来了，轻声说：“妈妈，抱抱我。”母亲心疼地把哥哥抱在怀里，哥哥又说了最后一句话：“妈妈，你怎么才来看我？”说完这句话，12岁的哥哥就永远闭上了眼睛。母亲事后无数次地讲，哥哥的胳膊腿一直都是软软的，好像睡着了一样。母亲抱着他，许久许久都不撒手。后来发现，哥哥枕头底下全都是药片，许多药哥哥都没有吃，因为怨母亲，又想母亲！（图1–9）

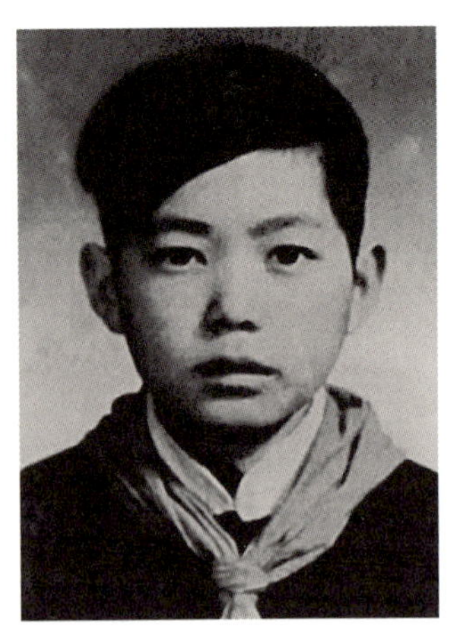
■图 1–9　哥哥周美龄

为了工作，母亲铸就了她生命中最大的悔恨。从此，家里的天彻底塌了，母亲像被秋风裹霜一样，迅速地枯萎了、干瘪了。一到天擦黑，她就开始抹眼泪，思念哥哥。母亲说，生我哥哥那天，天上有一块云，这块云很特别，是一块黑云，但边特别白特别亮。眼瞅着云一直落到我们家的院子里面，母亲一激灵，哥哥就出生了。老家人讲，哥哥是从哪个菩萨座前逃出来的小童子，所以我哥哥常喊腿疼，腿肿，梦见红脸大汉来绑他。最终，哥哥难逃夭折的噩运，而此时，距离父亲去世仅仅八个月！

在全家最艰难的时刻，国家没有忘记我们。哥哥的医药费没有结算，单位的办事人员到家里来，让母亲签了一个单子，就算了结了费用。父亲单位也来人，考虑到日后照顾我们不方便，出面把我们的关系移交到地方政府，由街道照顾我们。由此结识了当时崇文区政法委书记，一直到我转业时还有联系。一家有难国家帮，一人有难社会暖，这在我的心里扎下了爱党爱国的根。

第六节　天坛公园的眼泪

单位和工作减轻了母亲的经济负担，但一丝一毫没有减轻她的内疚和悔恨。在“一条龙”大杂院里，在街坊邻居面前，她还是收拾得利利索索去上班，不在人前掉眼泪。可她心里苦啊，怎么办呢？她就带着我们姐妹三个人，去天坛公园。

进了天坛公园东门，我们看到许多参天的大树、有琉璃瓦的祈年殿、回音壁等，很高兴马上就能进去玩了，我毫无顾忌地就往前跑。“回来！”母亲严厉地叫住了我，我蒙了，退到了母亲后面。母亲抱着小妹妹拉着大妹妹，我默不作声地跟着母亲向一片游人稀少的松树林里走去。母亲带着我们走了很远，脚下出现了像田埂一样的土地，新栽种的小树苗，那里四下没有人，还有些荒凉。一到这儿，我的心就开始紧缩起来。妈妈放下妹妹坐在地上，开始是边哭边说，后来就放声大哭。我从没见过她这样的哭法，好像要把山都哭倒，把天都哭塌。妈妈捶胸、拍地、号啕哭诉着，她从胸腔深处爆出，发泄着积压很久的悲痛。妹妹伸着小手去抹她的泪水，可怎么也抹不尽。我们姐妹三个人围着母亲哭作一团，七八岁的我是老大，我非常害怕，控制不住的身子在瑟瑟发抖。我几乎忘掉了哭，此情此景相信老天爷看到、听到，肯定也会悲悯掉泪了。

这是我终生挥之不去的记忆！后来一到休息日，见到母亲换上那件浅色格子上衣，深色制服裤子我就害怕，我知道母亲又要去哭了。我一走到天坛公园心里就哆嗦，我想拉妈妈离开，于是小声央求："妈，我们不要去了。"我使劲拽着妈妈的衣角往后拖，可抓着衣角的手总是被妈妈拍落。妈妈呀，您把我们的心全都哭伤了。很多次，那凄凉悲怆的哭声，把很远的游客都招来了。我最盼的是有人来，大人们帮着劝一劝，抚慰一下，妈妈才能不哭了，我们才可以逃离这个放悲的地方回家。

从此天坛公园给我心里留下了擦不掉的阴影，那里成了我的心酸之地。我恐惧它，远离它，在那阴森森的树林里，埋藏了一个家庭的悲歌，泪水掩埋了三个儿童的欢笑。走出天坛公园，无形中我意识到，作为大姐的我，肩上的担子越来越重，我的话也越来越少。

前几年战友聚会，我坐在树林边长廊木凳上，看着曾经的树林深处，这一幕不停闪过，心仍觉得有撕扯的疼痛。我幻想如果妈妈还在，我会对妈妈一百二十分的孝敬！如果妈妈还在，我会……我会……泪不停在心底渗透。

一切都成为过去了。

第七节　穷人的孩子早当家

我记得，我做的第一顿饭是烙饼，那年我7岁。

烙饼是北方人的常见主食，以前母亲做的时候，我常在旁边看着，记住了和面要放碱。那一次母亲工作去了，我带着两个妹妹在家，看着冷凄凄的灶台，我去缸里舀面添水，又起炉子生火。那一次和面，我放了很多碱，饼又硬又涩，母亲回来吃了饼，什么都没有说，只是摸了摸我的头。

我记得，我第一次洗衣服是因为大便拉在了裤子里。当时母亲牵着我们三个孩子，去父亲的工地上办事。在我的眼睛里，天安门广场好大啊，一路走来也找不到厕所。母亲一手牵着大妹妹，一手抱着小妹妹，特别着急的样子，我紧紧跟在后面不敢吭声。更不敢说要上厕所的事，就使劲憋着，倒着小碎步追着妈妈她们。后来实在控制不住了，就把大便拉在了裤子里。肯定很臭！妈妈让我在靠近广场的前门楼子大门洞里等着，我就坐在地上歇着，在地上蹭啊蹭，希望把裤子里的便便蹭掉，可是怎么也蹭不掉啊。回家以后母亲就数落我，让我自己洗裤子。我至今难忘，那时7岁的我很瘦小，那个洗衣服的大瓦盆里层的釉面是绿颜色的，外面是咖啡色的，大瓦盆好大呀，我哪儿能端得动呢？我把裤子在里面揉搓揉搓，但是脏水倒不出去。院里的孩子们知道我拉裤子，都在围着看我笑话，还喊着顺口溜：扑嚓拉一裤兜子，扑嚓拉一裤兜子，没羞，没羞。我小脸羞得通红，带着火气挺身倒脏水，啪嚓一下，盆摔碎了。

我还记得，邻居爷爷用木头帮我做了一辆可以装冰棍的小车，八九岁的我推着小箱子车去卖冰棍补贴家用。

虽然家里有了抚恤金，除了接济老家来的亲戚，还有给奶奶的养老钱，七七八八剩得也不多了，母亲还要盘算着带着我们几个过日子。我家离天桥特别近，那时候天桥是杂耍场，敲锣打鼓唱把戏的集中地。母亲决定闲时让我去那里卖冰棍。小推车是四个轱辘，一个大木头箱上盖着棉被。我的个头刚刚比推车高一点，推车时两只小手得举得高高的。5分钱的冰棍冬天能赚1分，夏天赚5厘，3分钱的冰棍赚3厘。

可那时候我不敢吆喝，出门时箱子里装一盒50根冰棍。卖冰棍的车子有很多辆，有的人装备好，用红色、绿色烤漆大瓶口的保温瓶装冰棍，客人买的冰棍拿到手上还是梆梆硬。我卖冰棍时要注意从冰棍盒子的两边拿，边上的已经有些化了。有些客人说这个快化了换根好些的，我才把盒子中间的拿出来给客人。

一开始卖不动，只好把化得差不多的半盒子冰棍推回家，心理压力非常大，怕妈妈惩罚我。还好妈妈没有说我，把化了的冰棍分给大伙吃了。我看着杯子里化了的奶液和棍，心里有一种莫名的感觉。有一次一个大客户要了我们几个车的冰棍，我一下就赚了一毛钱，可以买一斤棒子面吃一天了！我心里很兴奋，也好奇那人怎么买那么多，下次还有这样的好事情吗？

暑假卖冰棍，寒假就去菜市场帮助择菜，干一天一毛钱。当时在菜场加工芹菜，我看其他人都拿筷子打菜叶子，一打菜叶子就打掉了，我怎么也弄不动，就用手择，大冬天择完菜，手上裂着一道道黑口子。

第八节　拼了命也要守住一家团圆

我记得，我干得最虎的一件事就是把已经送了人的小妹要回来。父亲单位有一位同事兼老乡，是和父亲一块从平阴县出来的，我们叫他“大伯”。他看到母亲一个人拉扯三个女娃娃太不容易，就寻思着给我家减轻点负担。大伯在虎坊桥住，他的一位邻居家里条件挺好，很想收养个小姑娘，大伯就跑来跟我母亲商量把小妹妹送人。母亲看着排坐的三个姑娘，又心疼又无奈，点点头同意了。我那时候正处于有点懂事又不完全明白的年纪，隐约发现父亲工友中的老乡大伯到家里来得多些，嘀嘀咕咕和妈妈商量把小妹妹送给别人家，我知道后就和他们吵，见到那个工友老乡大伯就追着赶他走，家里吵翻了天。当时正好学校放暑假，我被送到南苑大伯家住了。暑假结束后，我回到前门大街的山涧口一条龙，妈妈上班去了，门锁着，我翻窗进了屋。进去一看，屋里没有小妹妹的东西。我心里顿时觉得不妙，撒开腿直奔虎坊桥的工友老乡家。大伯的母亲在家，让我喝水，还给我做饭，饭真香，可是我没吃几口就急着问我小妹妹的事情。奶奶说，小妹妹去的人家生活条件非常好，是享福去了。我的拧劲上来了，非得把妹妹要回来，一家人哄不住我，只好带着我去那人家要妹妹。

妹妹最终被领回来了。她身上穿的全是新做的衣服，上身是件红底白点的反穿衣，下面围了深色布的棉屁帘。老乡奶奶说，小妹妹到那人家里一句话也不说，他们正担心这孩子是否有毛病，还带去医院检查了，也没有查出什么毛病，你非要领回去就还给你们吧！

我背着妹妹，手里拎着妹妹的衣服包，从虎坊桥一路经过爸爸住过的职工医院，哥哥经常看病的中苏友谊医院，走到前门大街山涧口的一条龙。好远啊！

妹妹回家了。妹妹从出生后，洗换尿布都是我，父亲病重母亲忙工作，这个小人儿都是我背着走、背着逛。“大姐半个妈”，这句话放在小小的我身上恰如其分。我哪里受得了小妹妹给别人呢？那时候的我才七八岁，不懂得妈妈的心酸和痛苦。现在回想起来，应该多理解妈妈，应该多承担责任，减轻妈妈的痛苦。母亲把亲骨肉送人，也是出于无奈啊。作为母亲，主要是考虑那家人条件好，妹妹生活不会和我们一样苦。

母亲的个子很高，长得也很清秀，很多人给她介绍对象，叫她往前再走一步。其中在南苑老房子那儿有一个远房亲戚，我们叫他“大舅”，一直都有往来。大舅一直没有结婚，和我们也熟，就想和母亲搭上伴。母亲不同意，大舅的妈妈，我们叫“大舅姥姥”的一位老太太，就从南苑一直追到了前门大街。

“大舅姥姥”到我们家说事时，我还是个懵懂无知的小丫头，觉得叫老太太“大舅姥姥”，前面还加一大串字拐了好大一个弯很麻烦，我一张口就脆生生地叫了声“奶奶”。没想到，等这个大舅姥姥说完事出门后，我母亲上来就给我一个大嘴巴，一下子把我打蒙了。母亲呵斥道：“大舅姥姥就是大舅姥姥，叫什么奶奶！”我一下子明白了母亲的倔强和坚强。生活再苦，她也没有在院子里和外人面前掉过一次眼泪，只是隔三岔五地带我们去天坛公园。

第九节　苦难的母亲

母亲再坚强，也终于被生活的重担压倒了。

从哥哥走后，母亲断断续续开始住院。她住一次，我就在小本上记一次，她前前后后总共11次住院。有几次，妈妈晕倒在工厂里，工厂同事直接将母亲送到医院抢救，慌乱中也没有通知我们。我带着两个妹妹，白天黑夜地盼啊，已经好几天了，母亲怎么还没有回家，是不是不要我们了？情急之下，我一手牵着一个妹妹到派出所去报案，说母亲找不着了。派出所的人打电话去工厂打听，才知道母亲住院了。得知我家的困难后，无论是派出所还是办事处，对我们都非常关心。有时候带着我们去医院看母亲，但更多的时候，是我这个大姐，带着两个小妹跌跌撞撞地往医院赶。

20世纪五六十年代，前门大街还有有轨电车，有铛铛车，听说现在作为观光旅游设施又恢复了运营。但在那会儿，铛铛车是我家来往天坛医院的重要交通工具。

有一次去医院，我给母亲买了一串葡萄，我抱着小妹妹，小妹妹抱着葡萄。大妹妹在后面拉着我的衣襟。我低头一看，小妹妹的袖子口破了，我心想，母亲见着妹妹穿这么窝囊该伤心了，于是我拿根线把妹妹的袖口系上，抱着她继续走。好不容易到了天坛医院，探望的时间已过，护士不让进病房。母亲在窗口看着我们姐妹三个直掉眼泪，小妹妹还是无忧无虑的年纪，张着手朝母亲要奶吃。我的眼泪也扑簌簌直往下掉，母亲啊，快点回来吧，我们不能没有你啊！

年少的我并不知道，更大的苦难还在等着我。

第十节　孤儿岁月

1964年，我迎来了人生最大的寒冬。

这一年我14岁，成了没爹没妈的孤儿。

妈妈接连被丧夫、失子之痛打击，再加上还有三个不知世事的女娃子需要教养，她终于支撑不住了，在第11次进入医院抢救后就再也没有站起来了。待她经过抢救后病情基本稳定就接回到家里了，我一边读书，一边照顾妈妈、管理家务、负责妹妹日常起居。她病在床上多久，是一年还是两年我也记不得了。有一个寒冷的冬天，妈妈非要我穿的棉袄，我脱下给她穿上了，北风吹得像口哨，窗户纸被刮得呼啦呼啦响，我靠在妈妈身边睡着了，妹妹睡在我的脚下。我怎么也不明白，那一夜我怎么睡得那么沉，沉得像刚刚出生的孩子，周围都是混沌。第二天一早，母亲在我边上一点动静没有，我喊了半天也不见妈妈有回应。我就找到隔壁的大姐，问邻居奶奶："大婶，我妈妈怎么啦？"街坊们讲："昨天夜里听到你母亲在喊叫，声音很大，邻居们都听见了，你没有听到吗？"我摇摇头说："什么都没有听到啊！”没有多久，家里来了医生，还有好多人，他们告诉我，妈妈永远离开了我们，我蒙了！怎么可能？我曾经多少次合手作揖，请老天爷爷护佑我的父母，让父母永远不要离开我们姊妹，爸爸走了，哥哥走了，妈妈才34岁啊！怎么就能舍下我们三个还未成年的孩子呢？妈妈喊的声音那么大，邻居都听到了，我怎么就一点也不知道啊？妈妈生病后就失去了语言能力，没有声音不能讲话了啊！为什么？我哭着喊着问老天爷爷！妈妈怎么啦？妈妈不要我们了吗？妈妈为什么要大声呼喊？全院子的大人都听到了！为什么我和妹妹没有听到一点声音？我被隔壁大姐、叔叔、阿姨揽到了一边，再也不让我靠近，母亲最后的遗言到底是什么再也无人知晓，她把言语留给了睡梦中的我们，留给了呼啸着风的寒冷黑夜。

他们把母亲从“一条龙”大院抬出来，我挣脱了阻拦，追着带着妈妈走的车子张开着两个胳膊使劲哭喊着：“妈妈不要走！不能不要我们！我们好好听话！好好干活！妈妈不要走……”院子里、山涧口的大街上站满了人，很多人也在陪着我们抹眼泪。送母亲离开全是邻居们帮的忙，在我的记忆中，11岁的大妹和7岁的小妹只是哭，而我除了哭，还打起了精神让邻居们领着去到火葬场，送了母亲最后一程。大人们怕我经受不住，只让我在外面等着。那天北京的天特别蓝，我呆呆地看着大烟囱里轻飘飘地冒出一股烟，晃晃悠悠地消散了，再也捕捉不到。等到大人们出来的时候，我的手里多了一个罐子，那就是我的母亲。

自从哥哥走后，母亲在医院进进出出11回，我隐隐知道母亲怕是不好了。但真的到了这一天，我怎么也接受不了：我怎么就成了没爹没妈的孩子了呢？我们姐妹三个，从今以后就是孤儿了啊！

我是大姐，从今往后这个家的顶梁柱就是我了。那时候我在104中学读书，很努力，同学老师对我很好，我当班长、学生会副主席，做了低自己一个年级的辅导员。苦难的家庭环境让我早早挑起了生活担子，在学校里也是值得托付的大姐形象，比较有威信。听闻家里的变故，我的几个同学都来到我家，问我该怎么办，要不要去找政府？我沉吟片刻对他们说："帮我借一辆三轮车，陪我一起把妈妈入葬，让妈妈入土为安吧。"

我拿了几把锹放在三轮车上，我蹬不动三轮车，就让同学骑着，大家一路往南走，一直骑到了大红门一带。那儿是第一公墓，我记得妈妈曾经来过这里，我在那里转了一大圈，找了个合适的地方，就和同学拿着锹，一铲一铲掘了个小墓穴，我捧着母亲的骨灰罐，把她轻轻安放进去。同学说，咱们也没条件立碑，要做个记号，以后来祭拜好找到地方，我记得从左是七、从右也是七。这个七在我生活中直到现在也和我是个结缘数字。

但最终，我们和母亲还是失散了。多年后，政府在报纸上刊登告示要把整个公墓搬迁，请市民们自己去迁葬亲人。那时我已经当兵入伍，有好几年没有去祭扫，也没有看到公示，从那以后，我们姐妹三人连想念母亲的去处都没有了，只能在胡同口烧上几张黄纸，希望母亲依然记得回家的路。

那时候我们常常做梦，梦里头母亲的脸时而清晰时而模糊。

有一次，我梦见有位老太太手里拿着拂尘，穿着灰色的长袍、盘着腿、挽着发髻，面目安详，飘飘然到了山涧口房子的后窗外，好像是老房子又好像是新房子。我猛地惊醒，心想是母亲来看我们姐妹仨了。小妹年少，思母最重，常见她从睡梦中哭醒，脸上带着无尽的泪痕……

一直到我退休之后，我重办了父母亲的安葬。我拾掇了母亲的衣服和用过的东西，回到山东平阴，让父亲和母亲在故土安息。

母亲走后留下了我们姐妹三人相依为命，派出所的所长张叔叔非常关心我们的安全，一有风吹草动张叔叔就亲自出马，还有一个很年轻的小刘叔叔，我带着妹妹经常去找他，他有求必应。他们对我们都很好，记得那时候的街道办事处和派出所好像是在一起办公，我们管那里的警察或是办公人员都叫叔叔、阿姨、大爷。有一个黄大爷负责我们学习和思想，每个星期最少一次到他那里汇报学习情况。那时候黄大爷开始给我讲党史、讲党的路线斗争，告诉我王明是谁，博古是谁，张国焘又是谁。那时候小，我对讲的那些人和事没有一点概念，他讲得很认真，我硬着头皮往脑子里倒得也非常认真，还不时点头说："噢！"黄大爷上课的场景，到现在我还记忆犹新。还有一位夏阿姨，她很年轻，刚刚毕业，专门负责我们生活。街道办事处的总管是李主任，好像是部队转业回来的，人很好。后来街道办事处就搬出了派出所，离得也不远。我记得在派出所和办事处饿了都吃过饭，困了也到值班室睡过觉，好像在自己的家里，很亲切！

母亲走后，我们姐妹第一次三个人过年，院子里别人家热热闹闹，欢声笑语透过薄墙传到我们耳朵里。两个妹妹眼巴巴地看着我：“姐，过年我们也想吃饺子。”我把面盆倒好面端出来，一声令下：“咱们也包饺子过年！”饺子包好了，生炉子成了大问题。煤球湿湿的，灶火老弄不旺。火越不上来，我越着急，越着急就越使劲捅，越捅那火越上不来。三个人熏得脸也黑，泪也淌。好不容易那一锅水咕嘟着冒点泡了，我喜出望外，把一盘饺子一股脑儿全都下了进去。火不旺，锅不开，饺子下得急，水一直温吞没动静了。那一锅饺子煮了半个多小时，吃的时候皮子馅子糊成一团。我舀了三大碗递给妹妹们说：“吃吧！”妹妹们很懂事！从来不说不行、不好。

当时政府对我们姐妹仨是有安排的。街道办事处的李主任和夏阿姨负责安排我们的生活费用，关照我们日常生活，派出所的张叔叔也常来探望，保障我们的安全。即使在“文化大革命”期间，叔叔阿姨们对我们的照顾也没有断。但很多时候，碰到难事还得自己扛。

我们的生活费是有计划的，每个月底到街道去领。日子过得捉襟见肘，我们从各方面动脑筋。我上学在104中学，当时位于木樨园，往来有公交车，但我舍不得花钱乘车，天天步行往返。妹妹们有时来学校找我，也是走着来去。坐公交车的钱省了，可鞋磨得也快。为此，我跟邻居贾奶奶学会了做布鞋，贾奶奶的儿子、媳妇都是八路军，有一次我还看到她儿子骑着一匹大马来看贾爷爷和贾奶奶，真威武。贾奶奶乡下孩子多，家里老来人，爸爸妈妈在时我家条件还可以，时常给他们些帮助和贴补（以前北京人总说是穷当兵的，后来贾爷爷和贾奶奶被儿子接到沈阳一起住了），所以两家关系一直不错。我自己做的第一双鞋就是跟奶奶的小女儿学的，照着小姑姑的样子剪了些破布又熬了糨糊打袼褙，然后就开始做鞋，学着纳鞋底。可是这双鞋穿了不到一个月，鞋帮很好，鞋底就磨透了。没办法，我用纸箱壳依着鞋底剪了两副鞋垫放在鞋里面。走路的时候因为不合脚，硌得脚疼，就趿拉着鞋，我一路上藏着掖着怕路人看了笑话。

我记得贾奶奶给我讲了她儿子找媳妇的故事：那时候贾奶奶他们还在农村，没有来北京，她当兵的大儿子也是骑着高头大马，领着当兵的准儿媳妇到家里探亲，贾奶奶赶紧把炕上铺的破席子用被子盖上，她大儿子一把掀开说："娘，不用盖，家里就是穷！要让她知道，行就行，不行就拉倒！"那时候，我虽然小，可是知道她大儿子很棒！我父母不在了，贾奶奶家就是我们姐妹三个经常的去处，人生第一次做鞋就是在这里开始的。贾奶奶有个小女儿瘦高的个子、自然卷的短发、大大的眼睛，一笑还有个酒窝。我叫她姑姑，她做了很多双鞋，她纳的鞋底都有花样。她告诉我，在妇救会时，她做了很多双支前鞋给部队，还在鞋垫上绣上"保家卫国"的字。她丈夫是个复员军人，开长途汽车。有一次夜里开车翻倒了，出了车祸，被判了一年，蹲进了大狱。贾爷爷和姑姑都去看过。一年后那位姑父出来，我见到了他，他高高的个子，穿了一件当兵的常穿的白衬衣，脖子上系了一条毛巾，进门时躬了一下腰、低了一下头，没有开口先带笑，我心里想着他和姑姑真是金童玉女的一对璧人。

到了冬天，家家户户屯大白菜，我舍不得买整棵的，就带着妹妹们到菜站，等运白菜的卡车来。一卡车白菜卸完后工人把剩下的白菜帮子扔下来，我们撅着屁股在地上捡。回来之后串在晾衣绳上晒干，捆起来挂在屋檐下。吃时拿出来洗一洗烫一烫，把菜剁碎，配上棒子面，弄成菜团子、菜窝头，就是我们一冬的菜食。就这样省着，有时候也熬不到月底领生活费，我只好去街道上找叔叔阿姨，请他们通融一下，让我们提前领。

历史就这样跟我开了一个玩笑，母亲14岁成了孤儿，我14岁也成了孤儿。也许是孤儿的敏感和要强心理，我的自尊心特别强，再困难也不愿向别人伸手，不是自己的东西绝不去碰。我始终记得母亲说的话，宁可站着死不可跪着生。母亲忆苦思甜时，常常念叨她当孤儿时的坚毅，她的坚强在我心里树起了一杆旗。可是人是铁饭是钢，从不低头的我，也遇到过揭不开锅没有粮食做饭、迈不开步的时候。

有一年冬天出奇的冷，我带着两个妹妹一天都没有吃饭。绳子上还挂有干白菜，但缸里什么面都没有了。我六神无主，在胡同里没头没脑地逛，我抬眼一瞟，正看见临街那户人家的窗台上摆了一碗粥，可能是嫌烫在窗台那儿晾着。我远远看了一下这碗粥，心想我们少的就是这碗粥啊，妹妹还没有吃饭，有了这碗粥我就不用再往前去想饭了，这家人有粥喝怎么还会嫌烫呢？这碗粥在我的记忆里留下了深刻的印象！我路过附近很注意地看了这碗粥，却没有丝毫靠近的欲望。

不知不觉我走到了同学住的后坑里一个大院，同学家隔壁住了一个老大爷，没儿没女独身一人，他认识我，也知道我家的情况。我一进院，就看见了这位老人，我佝偻着头，没有吭气，不声不响立在他面前。老大爷想了想，问我一句："是不是困难了？"

我点点头。老大爷没有言语，回屋子里拿了一张五毛钱的纸币递在我手里。当时五毛钱是紫红色的，我握到手里，手烫脸也烫。我给大爷深深鞠了一躬。这五毛钱换成了五斤棒子面，我们仨一天一斤棒子面，刚好撑到了领下个月的生活费。这件事情在我心里烙印很深很深，多年后我当了兵回家探亲，专程去后坑大院找这位大爷，还这个雪中送炭的恩情。遗憾的是怎么也没有找到。后来到上海民政部门工作，我帮扶了40多个孤寡老人，努力做慈善。

记忆的流水一旦打开，许多藏在角落里的人和事一点点浮现出来，清晰得宛如昨天。在最艰难的孤儿岁月里，我过早体味了人生的坎坷，但更多的是人世间的温暖，老百姓的善良，共产党和人民政府的恩情。我们一家三个孤儿，在前门大街的胡同里备受关注和关照。每当回想这段时光，我情不自禁哼唱起歌唱家李谷一的一首名曲《前门情思大碗茶》。

"又见红墙碧瓦，高高的前门，几回梦里想着它，岁月风雨，无情任吹打，……为什么，为什么它醇厚的香味儿，直传到天涯……"

当时，104中学的同学、老师在学业上、思想上帮我进步，给我阴霾的生活带来了一缕缕金色阳光，也带来难得的乐趣。我也很争气、很努力，我是班长，是学生会副主席，数学在全年级排第二。我是学生中的优秀班干部，经常开会到夜里，大家体察到我舍不得坐车，有位刘老师就把自行车借给我骑。大家热情地簇拥着我给我鼓励，我不好意思推托，可我对骑车一点不在行，出了校门，我请同学把我扶上车，我扭扭拐拐骑着向前走，说谢谢都不敢回头。

胆战心惊骑回前门山涧口胡同，眼见家就在前面，却不知道怎么下车。正好山涧口左边有一个电线杆子，我连人带车一下子撞到电线杆子上，总算把车给停下来。第二天早起，找到同学王玉芬，请他把自行车骑回学校，我自己走路上学。还有一位低我一年级的同学叫于世良，也是班长兼学习委员，他对我很敬佩，也常来帮助两位妹妹。于世良最终成了我的大妹夫，成就了一段美好姻缘。

在学校我常常做些力所能及的义务小事。有一次到学校食堂帮厨，有位大师傅心很善良，对我多一份照看。他还会看相，他对我说：“你这个样子，将来长大了，到老了以后生活都会很好。”那正是我最难的时候，我将信将疑，问：“真的？”他很有把握地说：“你将来老了会很幸福。”我问：“能吃饱饭吗？”他认真地对我说：“有饭吃，你会生活得很富裕！”我那时候就是想能和妹妹吃饱饭就行了！现在我生活安详，大师傅的话成真了。感谢厨房大师傅当时对我的鼓励和信心！那会儿邻居们也多有帮衬。父母走后，有一家河北人到胡同走亲戚，一个男孩子看上了我，托人传话说他家条件不错，在农村有房有地，想让我跟他走。当时我隔壁邻居兰裙大姐姐（是共产党员、劳动模范）坚决不同意，生怕我走错这一步，专门找我谈心，告诉我不要去、不能去，还是要读书、要工作、要自立。

同院住着一位大伯，家里没有儿女。冬天生炉火难，但是有时候我到家炉子已经暖了，那是大伯帮我们把火生好了。这位大伯是个老革命，北京市很多干部是他的战友和部下，他与我们的情谊维系了很多年。后来我和陈义红决定从部队转业回上海，专程到“十五间房”大院买了鸡蛋和挂面给大伯，打招呼告诉他一声，可是这个招呼打得我一生都特别悔憾。就在我们走后的当天晚上，这位大伯就吐血一病不起，去世了。这件事，我好长时间都没有放下。

除了众人的帮持，支撑我走下去的最大一股力量，是来自两个妹妹。我不能被生活压倒，不能沉浸于自怨自怜，因为我的肩上还扛着抚养两个妹妹长大成人的责任。

小妹尚幼，很多道理还说不通。早晨上学就是一道难关，她抱着我不撒手，非要跟我一起去学校。眼见着上课铃要响了，我急得满头大汗，拉着她上幼儿园她也不去，哇哇哭呀，真让人着急，急了方法就粗暴，伸手就打。一巴掌下去，小妹妹哭得更伤心了，我在一旁急得直跺脚。有一次让一个老师看到了，说：“小周，你真厉害，怎么打妹妹啊？”这么多年，我管妹妹们非常严格，晚上几点钟必须回家，不回家就大嘴巴上去，真揍。后来大妹妹都成年了，谈恋爱回来晚了，我一急差点又要动武。并非我性格暴躁，而是不知不觉中，我把自己代入了母亲的角色，妹妹们有什么差池，我没法向父母交代啊！

有一年，中学组织我们“学农”，去通州农村帮着割麦子。劳动结束，村里请学生们吃面，每个人拿一个饭盒分一点肉，是面浇头。我看着饭盒里的肉真香，从来没有吃过，我想妹妹和我一样肯定都想吃，留着吧！我三口两口把光头面吃了，肉一口没动，带回家给妹妹吃。两个妹妹好久没见荤菜了，开心地搂着我的脖子转圈儿。农民给的地瓜、黏面饼，也都进了妹妹的小嘴儿。我去学校食堂帮厨，食堂做饭师傅有时给我吃馒头，我就省下来带给妹妹们吃。

那几年我正是半大姑娘的时候，我的手永远皴皴的、黑黑的，裂着一道一道的血口子。北京的天气很冷，水管是在大街的路边上，我为了把东西洗干净就到井上去洗，风吹在带水的手上，手很快就皴裂。我也有点害羞啊，怎么手老洗不干净，尤其看到比较尊敬的人，我偷偷把手藏在后头，怕人嫌我脏。

在动荡的岁月里，我们姐妹仨像三株顽强的玫瑰花，一个接一个地长大了。“文化大革命”的风波刮到了前门大街“山涧口”胡同，有学生传闲话，说政府的工作人员一直在照顾我们，我们三个孤儿是被政府收买了，是“保皇派”是“保皇党”。小妹妹走在街上，几个半大小子朝她身上扔石头子，喊着“打倒周向党、火烧周美英”。小妹妹头上被打出包，回家怕我担心，忍着疼也不敢告诉我。那些年，崇文区政法委的书记，还有一个年纪大的黄爷爷，对我们多有叮嘱，隔一段时间让我们去政府汇报思想。也就是从那时起，周向党的名字已经开始被叫起来了，人们几乎忘了我叫周美英，只知道我叫周向党，向党向党，我心向党，我读毛主席的书，听党的话！一心向党，永远向党！

第二章

周向党：英姿飒爽上蓝天

第一节　那一身绿军装

我像所有十七八岁参军的年轻人一样，是怀着自己心中的英雄梦想以及对部队的渴慕与向往，一头扎进军旅的。也许当时并不清楚这已是人生选择的明确方向，将终我一生，不变不移。

“文化大革命”开始后，各个中学都有工作组进驻，104中学的工作组正好是解放军。我作为学生会副主席，有机会向解放军同志学习和交流。看着那一身绿军装，我天真地问他们：“我想当兵，有机会吗？”工作组的同志说，现在没有招兵的。而后不久，解放军工作组撤走了。到了1968年，我和几个同学参军的愿望更强烈了。学着电影里表决心的做法，我们刺破手指头，每人写了一份血书。找不到上交决心的门路，就找到了一个卫戍区部队，跟站岗的警卫战士说，我们想当兵保卫祖国。门岗战士拦着不让我们进去，但收下了我们的血书。

当时我已经年满18岁。18岁，意味着成人。带着妹妹们生活多年，我没有庆祝过生日，但这一年，我隐隐约约意识到，人生需要改变，18岁的我需要破茧成蝶，走上新的道路。

彷徨之际，1968年夏天，征兵通知下到了学校。我马上报名，参加政审和体检。很快结果出来了，两千多名学生的104中学最终送走了两名女兵，其中一个就是我。

那一年，大妹妹14岁，小妹妹11岁。她们两个成了我最大的牵绊。我找到街道办事处的李树从主任，跟他请示商量，这兵能不能去当。李主任当场就表态："向党，你放心大胆去当兵，妹妹们交给我们，让她们每天到街道办事处食堂来吃饭。"我一听大喜过望，在食堂吃的比我在家操办的生活还要好得多啊，妹妹的生活有政府照顾我心里踏实了。

妹妹们支持我走，又舍不得我走。部队领导到我家里审查的时候，来人问妹妹："姐姐去部队你们同意吗？"大妹妹回答说："同意，保卫国家啊！""你们想吗？"两个妹妹的眼睛里噙满了泪水，但不敢掉下来，怕拖了姐姐的后腿，只是一个劲地点头。

启程离家的日子到了。夏姨带着妹妹们去送我，出门前给了我7块钱做路费。我趁她不注意，把钱塞到了大妹的口袋里。小妹妹执意要帮我背包，那会儿我的行李很少，就是一个军挎包，她个子矮小，挎包背在身上直打她的小腿。

到了永定门火车站，我必须和妹妹们、和我的故乡北京挥手告别了。18年，我从未离开过这里。火车站到处都是送行的人群，离别时热烈、喧闹的场景感染了我，我和妹妹边道别边流泪，同行的夏姨也泪水涟涟。登车之后，小妹妹在车下大声喊着："姐姐，姐姐！"妹妹跟着启动的车一起跑着，载着新兵的列车加速驰骋起来，我的视线被泪水遮住了。我的手使劲地向妹妹挥啊、挥啊，我的心里好像放起了风筝飘啊、飘啊……

我当兵了！我仿佛沉浸在梦游的感觉中，孤儿周向党将成为解放军了，真不可思议！我从此要去向辽阔的远方，去向高远的天空。第一次离开家，觉得哪里都新鲜。以前没有出过远门，那一次可过了把坐火车的瘾，火车一路向南飞驰，我坐在靠窗的位置上，趴在车窗上看外面的树木一扫而过，房屋、工厂都倒退着消失在远方。我跟个孩子一样心里有些忐忑，更多的是对未来生活的揣摩踌躇。列车前方，等待我的到底是什么样的生活呢？

上车之前我们领到了没有领章帽徽的新军装，放眼望去，整个车厢是一丛丛耀眼的新绿。第一次穿上军装，我异常激动。对于当兵的人，相当于脱胎换骨的开始。有一首歌叫《当兵的历史》，歌中有如下一段歌词：

十八岁十八岁
我参军到部队
红红的领花映着我开花的年岁
虽然没戴上呀大学校徽
我为我的选择高呼万岁
啊生命里有了当兵的历史
一辈子也不会感到懊悔
……

火车开动几个小时之后，我遭遇了当兵后的第一个尴尬。

当时我不知道，在火车上吃饭是要自己买的。我一摸兜，身上一分钱也没有，夏姨给的7块钱全留给妹妹了。我心里很清楚也养成了习惯，必须照顾妹妹，我默默坐在靠窗的位置上尽量不要引起人们注意，同车的人去打饭时我就假装看窗外的风景。战友吃完了回来后问我，我就说吃过了，还好都是新兵，大家都不熟悉，容易混过去。

第一顿、第二顿，大家并没有发觉我的异样，等到了晚上，该吃第三顿饭了，最终没有逃过部队领导的眼睛。

"周向党，你怎么不吃饭呢？"

部队的领导问我，我说："吃过了！"部队领导看着我的样子也没有问什么，一个劲地向我道歉说："对不起！疏忽了，疏忽了！津贴费忘了发给你们。"

部队领导马上去打了饭放在我面前，还给了我7块钱的津贴费，关切地让我快吃别凉了。那一顿饭，我是含着眼泪咽下去的。亲身体会到部队真是个温暖的大家庭！部队领导都是我的亲人！

火车行进了几天几夜，停到了昆明火车站。那时候北京没有直达火车，然后转车到贵州贵阳火车站。包括我在内的一批新战士下车了，剩下的大部分人留在了昆明，我们将分配到隶属贵州省军区的各个单位。

要下车了，我好像是被部队的领导们托举着传递出火车的。我们新兵前几天都是在贵州红色景点参观、学习。那会儿当兵特别光荣，部队把我们这些新战士当宝贝，生活的点点滴滴都有细致安排。原来在家很多事都是自己扛自己做主，一下子有了部队这个主心骨，我体会到了好久没有感受过的家的踏实与安宁。

穿上绿军装，学习的第一件事是打背包。一床软软的绿军被在带队干部手里，三下五除二,一个背包就打好了。我们几个人你看看我，我看看你，大眼瞪小眼，不知如何是好。打背包是解放军的拿手活，我想到了电影里红军长征时一个个整整齐齐的背包。这打好的背包在我们眼中就像一件战利品，一会儿背在肩上，一会儿卸下来，一会儿又背在肩上，神气地走几步。

就在这一瞬间，我突然觉得自己变得和以前不一样了。“军人”这个词立刻取代了“孤儿”“学生”“老百姓”。虽然我一向要强，但没父没母的日子里，我把敏感和自卑深压在心底，展现的是不屈不挠的顽强。现在我是军人了，军人是打仗的，是保家卫国的，是保护老百姓的。这身绿军装赋予我一股昂扬的力量。我对自己说：“周向党，你从孤儿成长为新中国的解放军了！”

但我心里也有放不下的乡愁，那就是两个妹妹过得好吗？到部队不久，两个妹妹写信问我：“姐姐，你什么时候回来啊？你走之后，我们养了一只小母鸡，每天给鸡洗澡，晚上放在篮子里，还给它盖着小布睡觉，就等姐姐回家杀了给你吃。”

看了妹妹的信，晚上睡觉时我把头埋进被窝里，眼泪默默地流。

第二节　在解放军56医院的日子里

在贵州省军区集训时，我就被任命为新兵班长。集训时间比较短，主要是军人的基本动作、打背包、短途拉练。很快这批新兵被陆续分配到下属单位。我是分到了贵州省军区花溪的陆军第17疗养院，也就是后来的陆军第56医院。花溪山清水秀，是知名的风景区，李井泉等中央领导人有自己专门的度假别墅区。

分配后还有一个小插曲，当时贵州省军区成立了一个专案组，对军区医务部的一名女主任进行审查，因此就把我截留了两个月，安插进了专案组。我对专案审查是一窍不通，但这两个月的工作带来的连锁反应，是我没有参加医院的新兵训练，而是直接下到了56医院内科，成了一名卫生员。

56医院在贵阳市的花溪区。到现在，我还能清楚地记得它的位置，从花溪医院与朝阳村路口一直走，看到拱形框门进去就是，从前面没有门的路可以直通向后面的花溪公园。老贵阳人叫这儿“军疗”，说的就是我们单位。听说20多年前还在开展医疗工作，估计现在军改行政编制已经撤销了。

初到花溪，我这个北方姑娘觉得眼睛都不够用了。花溪是贵阳有名的风景区，位于贵阳市西南。著名作家陈伯吹先生（我后来的一位忘年交）就曾在题为《花溪一日间》的文章中说道：“过贵阳不上花溪，如入宝山而空手归来。”花溪指的就是从我们单位旁边流淌而过的花溪河。附近的花溪公园是四季皆景的旅游胜地，俗称为“贵阳市的后花园”，有贵州山水浓缩盆景的美称，被誉为“黔中一绝”。

20世纪50年代以后，花溪曾迎来了多位新中国的开国元勋，朱德、董必武、陈毅等均为花溪留下了他们的诗篇。朱老总道：“东风送暖百花开，流水悠悠曲折回。公社公园新建好，长征战士赋归来。”董老云：“偶经贵筑便流连，闻说花溪引兴牵。市集得交苗僮族，山园正是菊花天。桥临坝上行观水，亭接岩头欲近仙。几曲清流徐下注，两旁田稼保丰年。”陈毅元帅在花溪住的时间较长，留下诗作也最多，共7首，总题为《花溪杂咏》。其中常为人传诵的有两首，其中一首是：“花溪旗亭位山腰，多人聚此费推敲。劝君让他先一着，后发制人棋更高。”大师刘海粟以“精彩的绝句”五字评之。60多年前，著名学者、作家林同济先生过贵阳时即言：“花溪，有一个字可以形容——‘秀’！花溪风景之‘秀’可与江南任何名胜争衡。”花溪的人纯厚肯干，我们的医院是在风景区里，没有院墙，是敞开式的。可从来没有发生过事情或是丢东西。

也许是南方温润空气的浸养，也许是秀丽风景的熏陶，我也变得细致柔和了许多，那风风火火的劲头收敛了不少。我所在的科室是内科，经过初步的医护培训之后，我上岗了。在医院看病休养的既有老领导、老革命，也有普通的基层士兵，但不管面对谁，我都耐心问诊，打针抽血尽量轻之又轻。

我在内科工作了半年左右，1968年底56医院招新兵，与在贵州省军区的许多新战士一起进行新兵集训，我被抽调去带新兵当连长。这段时间我补上了“新兵”一课，也对我一生的纪律养成产生了巨大影响。

当兵的人都知道，新兵入营最重要的训练是两个：队列训练和“定型训练”，所有经过新兵训练的军人，对其中的甘苦也都记忆犹新，深谙“正步走、齐步走、敬礼、端枪”的每个细节之严苛是为了什么。我的感受也一样，那不单是烈日下或冰雪中的肉体痛苦，还是对身体和姿态的不可缺少的塑造，更是对精神品质的一种磨砺。

我当时对自己的定位是，既是带兵人，也要练自己；既是施教者，也是学习者。和新学员一样，我从政治思想教育学起、讲起。集训时有大领导来讲革命人生观价值观，讲人民军队历史和传统，我就撸起袖子从母亲的打狗棒讲起，对比我和母亲不同的孤儿岁月，每次讲的时候都有新兵听着落泪。

但对于新兵而言，最难熬的训练还是在练兵场上。

从第一个早晨的第一声哨音开始，大家都被紧张的空气裹挟起来，肉体和精神都绷得紧紧的。立正、稍息，齐步走，三公里，五公里，越野拉练，新兵训练的每一个动作，承受的每一次痛苦和疲乏，我与他们一起体验。

当时最怕的是“站军姿”，贵阳的冬春交接之际，湿冷的空气透过我们臃肿的厚棉衣、毛衣和内衣，逐渐浸到了骨头里。在北京的时候，家家冬天都有炕，反而觉不出这种由内到外的刺骨寒冷。在空旷的寒风中这么一定住，我好像都听见了身体关节的“嚓嚓”作响。我咬紧牙，新兵看见我这个女同志都能挺住，他们也都不吭一声。“抬头，挺胸、收腹，两腿挺直，两手压紧裤缝。”教官一遍遍高喊，一遍遍检查，我们每个人都如雕像一般站在那里，一动不动。1分钟，2分钟，10分钟过去，头脑便开始发热，脑袋在棉军帽下冒出腾腾热气来。额头的汗水痒痒地流过面颊，越过嘴唇，流进嘴里，又苦又咸。贴身的衣服湿了，胶鞋里面也有了汗气，但半个小时过去又凉了，反而更冷。喉咙里阵阵难受，开始有些恶心。一个小时后，听到指挥员喊休息，人却老大一会儿不能动，疼痛使得腰弯不了，膝盖长时间挺直，无法打弯。

一场训练下来，很多人的衣角出了汗又结上了冰。我带的新兵中，年龄最大的23岁，最小的16岁，那一年我19岁，却是23名69年新兵班的主心骨。我对他们说：“训练就像打铁，不加热，不用力敲打，一块铁就永远打不成刀，老百姓就不可能练成合格的军人。”

这场新兵训练持续了半年。半年中，从生理到心理，大家身上的学生气、社会的娇骄二气一点点地磨砺干净，换成军人味、钢铁味。那几个月，每一个人提着一口气到头顶，没人敢懈怠。身体上“脱了一层皮”，但战友之间的感情却是“镀了一层金”。直到现在，我与他们中的一些人还保持着联系。

有一天我发起了高烧，打了针热度也退不下来，半夜说起了胡话。战士们都担心我明天早上肯定爬不起来了。可第二天一大早，我强撑着起床，摇摇晃晃地和大家一起跑步。战士们都急了：“不能再跑了，再跑该晕倒了！”我一边咬牙一边说：“我的兵不能没人管啊。”也就是从那时起，我养成了不睡整夜觉的习惯。原因有二：一是给战士们盖被子，二是检查他们有没有和衣而眠。

有时候想想，传统是有魔力的两个字。从人民军队建立的那天起，官兵友爱、战友同心就成了区别于旧军队的重要特征。亲如姐妹，胜似兄弟，这种质朴的情感像记忆的图腾一样流传着。穿上军装的第一天，我就在火车上感受到这种爱，现在当了带兵人，虽然说军龄才一年，年纪上只能算个大姑娘，但我情不自禁地把自己当成了大姐，当成了她们的守护人。半夜起来，打着小手电筒，看看有没有人踢被子，给大家掖掖被角，心里才踏实。

那时候，新兵们最害怕的是夜半三更的紧急集合。“嘟、嘟、嘟”三声哨响，不管白天练得多累、夜晚睡得多沉，条件反射一样，大家从床铺上一蹦而起，打背包收物资，常常跑到集合点的时候丢三落四，狼狈不堪。渐渐地，战士们有了鬼主意，晚上睡觉时把全套装备理得齐齐整整的，衣服一件不脱，就等半夜那一声哨响。熄灯以后，我一个一个铺位去摸，发现她们的小把戏，命令大家按规定脱衣而眠。事实证明，这些“魔鬼训练”从一开始就把我们逼迫到一个顶峰，让体能、毅力、反应都达到最佳。有了这份经历垫底，以后遇事紧张、艰苦，也许程度上更大或更小，但我们都可以应付自如。大家一起克服生理的懒怠，战胜身体的沉重，最终使我们的精神站在高处，感受到顶天立地的力量。

新入伍的战士们，还要克服的一大难关就是想家。那时候，大部分人家里没有电话，只能鸿雁传信、家书往来。我鼓励大家写信，把对父母的牵挂，在新军营的感受都一字一句写下来，缓解战士们的心理压力。一般十天半月后收到家里人回信，战士们像过节一样高兴。

我离开家已经一年了，看到战友们有父母嘘寒问暖，我心里酸酸的。如果父母还在，肯定也会为我骄傲吧。56医院的后山有个小凉亭，去的人很少。休假的时候，我喜欢一个人走到凉亭里，看看远方的天空。不知道为什么，每每走进这个凉亭，我就不由自主地唱起《远飞的大雁》。读中学时，我参加了学校的合唱团，我还是领唱。旋律在小凉亭里旋转，也在我的心里荡漾。唱着唱着，我的声音越来越大，如入无人之境。

远飞的大雁
请你快快飞
捎封信儿到北京
翻身的农奴想念
恩人毛主席
远飞的大雁（远飞的大雁）
请你快快飞（远飞的大雁快快飞）
捎封信儿到北京（快快飞到北京）
翻身的农奴想念
恩人毛主席

一开始说是唱，到最后忘情时就是在喊，泪水伴随着歌声奔放，仰首眺望着蓝天，目光追寻着远方的白云，觉得白云肯定能把思念带到北京，妹妹也一定能听到我的歌声。

北京是我的家乡，是毛主席工作生活的地方。军区领导去北京开会，带回了毛主席讲话的录音让领导干部收听。我也不知道哪儿来的勇气，跟部队的领导申请："报告首长，我们是北京来的战士，我们想听毛主席的声音。"这份战士的请求反映到军区，最后决定干部战士一起收听毛主席讲话。听到主席的声音，尽管有些地方听不懂，但我的心似乎伴着这浓重的湘音回到了北京。在军区的时候，首长们对我都很好，我见到他们也像是对自己尊重的长辈，每次向首长敬礼时，嘴里同时也喊着："首长好！敬礼！"首长也笑着说："你的敬礼和别人不一样，是带响声的！"

训练也不仅仅只是艰苦难耐，其间也有不少乐趣。

我是班长，要样样带头，训练间隙我带领新战士一起劳动，到牛棚捡牛粪。我得带头捡啊，否则臭烘烘的谁也不想上手。最好笑的是走在路上遇见牛粪堆，手里没铁锹，得用手去捧，弄得手指头缝里全是牛粪，怎么也洗不干净，大家你闻着我臭，我笑话你脏，尤其在食堂吃饭，手指头缝特别臭，你放在我嘴上，我抹在你鼻子上，大家笑成一团。

劳动还包括农副业生产。在56医院旁边的山坡地里面，开荒种了小麦，开了菜地，新兵劳动的一项重要内容是到厕所淘大粪、浇菜。天暖和了，大家干活都光着脚，不然胶鞋沾了泥粪不好清洗。我在北京市里没有打过赤脚，在石头路上一走就扭扭歪歪的。战士们使劲推我，故意让我出洋相。

新兵集训结束，我回到了56医院内科，继续从事护理工作。几个月后，我赶上了当兵之后的第一个大事件。

1970年1月5日凌晨，云南通海、峨山、建水等地发生了震级为里氏7.8级的大地震，这就是“通海大地震”，震中位于中国云南省通海县与峨山之间。地震造成15000人死亡，受伤人数超过3万人，是新中国成立以来第三大地震。但在后来很长的一段时间里，绝大多数中国人对于这场大地震，并没有多少了解。那次大地震不次于1976年的“唐山大地震”和2008年5月的“汶川大地震”，是新中国成立以来死亡人数超过万人的三次大地震之一。在这三起天灾中，通海大地震因处于“文革”中期，具体的伤亡人数被尘封了30年，直到2000年才公之于众。

通海大地震发生后，一场全省、全国性的紧急救援于当天夜里拉开了帷幕。有资料记载：那天夜里，云南省革命委员会、省人民政府、昆明军区的领导人等，在地震发生后立即奔赴指挥岗位。当时，最重要的是弄清发震地点及灾情，但由于震感强烈，昆明海源寺的地震监测仪器记录出格，一时难以确定震中。他们只好通过省直属机关的电话和部队无线电台来确定灾区。凌晨2时30分，他们大致圈划出了受灾范围。4时，向党中央作了汇报。1月5日上午，云南省革命委员会副主任、昆明军区副司令员就带领军队干部赶到通海，主持抗震救灾工作。1月7日，中共中央发来慰问电，号召灾区党员、群众和解放军指战员，团结起来，同自然灾害进行斗争，相信灾区群众在国家的支援下，定能发愤图强，自力更生，重建家园。

以昆明军区为主体，抗震救灾指挥部迅速成立。云南驻军派出大批指战员，省革委抽调大批机关工作人员、“五七干校”学员，星夜奔赴灾区，组织抗震救灾。同时从全省各地抽调医务人员组成医疗队，奔赴灾区救死扶伤，防病治病，同时调集和运送物资支援灾区抗震救灾。我们56医院作为隶属于昆明军区的医疗单位，在接到救援命令后星夜急驰，用最快的速度赶到震区，我也是其中一员。

这是我第一次见识大自然的威力，满眼都是地震带来的惨绝人寰。

我们医疗队沿曲江向村寨、县乡前进。曲江河谷里展露着密集、纵横交错、深不可测的地震裂缝，沿江的山坡上出现大大小小的滑坡，甚至出现下陷和新的隆起，原有的地形地貌全都改变了。山崩冲下来的泥石阻塞了河道，道路毁坏得不成样子了，很多地方要靠我们的两条腿翻越过去。原本种着庄稼的田地，像乌龟壳一样一块块裂开，翻上来土地深处的水和沙子、泥浆，后来知道，这种现象叫作喷水、冒砂，地边的工棚被平移了100多米，这是大地震带来的独特灾难。一条没有名字的河流，河床错开了五六十米，中间裂缝深不见底，河里一滴水都没有了。

最惨的是受灾老百姓。县城里的楼房几乎全部垮塌了，一个人躺在床上，上半身被悬在半空中，下半身则埋在废墟中，已经死了。地震当天正是赶集日，很多人在所住的旅馆里遇难。路边已经有了很多尸体，尸身上最多盖张席子，其中一个母亲侧身抱着孩子，孩子至死仍保持偎依妈妈的姿态。

余震不断，每个人每时每刻神经都绷得紧紧的。我们分成了许多小组，给救灾的部队和当地老百姓针灸、送药。有一次我去给部队战士看病，背着药箱走了很远，给一个军营里面的受伤战士针灸。针刚扎下去，大地突然一抖，我拿针的手极力控制着穴位的准确度，我意识到余震来了！大地又是一抖，整个大地摇摆起来，一阵大石碾子压水泥地的巨大声音由远而近，“咕隆隆隆……”，整个天地摆起来了。我就像一个软泥丸子、笸箩里的一粒米，根本控制不了自己的身体，人随着地面大幅摆动起来。我紧紧按住身边的战士，两个人不敢挪步也根本挪不了步，身不由己那一瞬间灵魂都要抛到天上了。那一刻，我真正体会到什么叫惊天动地。

那一年天气很反常，医疗队去的时候都穿着棉袄，到了云南反而暖和，大家都没带春秋的军装，就把里面的棉袄脱了，穿着空荡荡的罩衣。那时候也没有行军帐篷，没有地方睡觉，一个营养科的女医生带着我们到田里捡来干稻草铺在空地上，她年龄最大睡在中间，男女各睡一边，我们一个挨一个睡在两边，被子上搭件雨衣，真是天大的房子地大的炕。几天之后，部队开始搭窝棚，不再幕天席地。没有洁净的水源，我们只能从稻田里、小沟里取水，挑回来烧开喝。

在那个特殊的年代里，“战争一触即发”的宣传早已深入人心，而防震的知识则匮乏得近乎于零，以至于地震发生的当晚，很多村落不敢点火照明，很多人跑到山上躲藏，失去了救人的第一先机。村民们的互救由亲属邻里开始，待到部队陆续赶到，这个千疮百孔的震区才开始稳住救灾的阵脚。救人、埋尸、医伤，发粮、建房，这中间流传着很多感人的事迹。我们走到一个共青团员家里进行慰问，他救了村里好几位邻居，等他回头再救自己家人时，家人全都没有了。

这次救援，让我对生命有了全新的认识，我随着56医院医疗队一起，用脚丈量了震区的山山水水。那次救灾我们医院救援队有两个立功名额，其中我荣立三等功。云南通海抗震救灾指挥部制作了一枚纪念章，赠给参加抗震救灾工作中的立功人员、部队官兵以及医务人员。这枚纪念章铝质，直径4厘米，正面中间镌毛泽东浮雕像，下方绘有天安门和红旗等图案。背面铸有中共中央慰问电的主题："奋发图强，自力更生，发展生产，重建家园"，底部刻有"云南通海抗震救灾指挥部赠"铭文和"1970.1"日期。云南通海大地震的抗震救灾，真正体现了奋发图强、自力更生精神。纪念章背面特殊的铭文，仿佛在人们面前展现了当时军民共同向自然灾害作斗争的生动场面。

第三节　到空军去

1970年，我20岁，命运之神再次眷顾了我，我的人生轨迹由此画上了一条向上的抛物线，幸运得直冲蓝天！

在北京以千分之二点五的比例被选拔参加了中国人民解放军陆军，并来到贵州省军区，从军区首长到医院各级领导对我非常关照。那时候我是带23名新兵的班长（新兵里大多是司令员、政委、部长、省长的女儿），我也参加每周一早上的院务工作例会。开会的都是医院领导、各科室主任及部门主管，是研究汇报工作的院务例会。在云南的抗震救灾中，我的表现没有辜负军区首长和院领导的期望。军区一位领导到北京开会时专程去前门大街的“十五间房”看望了我的妹妹们。军区首长还带着妹妹她们去了天安门——父亲曾经工作并为此献出生命的地方，并拍照留念！妹妹们兴奋地给我写来信件：“姐姐，首长表扬你了，说你要成为穿四个兜的军官啦！”

军官！对于一个刚入伍不到两年的小战士而言，这可是想都不敢想的事。我心里像揣了个巨大的秘密，真想对着花溪的碧水蓝天、飘浮的白云一吐为快，但又心存一份恐难如愿的矜持。那几天，心情像坐上了过山车，忽悠悠上了半空，又急切切直往下坠。说到底还是缺乏历练和不成熟啊！

有一天主任通知我开会，说是研究我的问题。我心里咚咚打起了小鼓，是什么问题呢？

参会人员不多，都是科室和院政治处的领导，主要是讨论我加入共青团的事。主任告诉我，要加入中国共产党，必须先入团。希望我再接再厉，接受党组织的考验，争取早日成为共产党员。

得到组织上的肯定，一股莫大的力量油然而生。我给自己改名叫“向党”，不就是希望向这一团温暖的火焰靠近，梦想把自己燃烧给神圣的信仰吗？梦想咫尺之遥，我加倍努力地工作，恨不得把全部的气力都用在工作上。

转眼到了1970年的夏天，花溪并没有炙热的骄阳，我的心情和天气一样，爽爽的。夏天来疗养、体检的官兵很多，我在病人之间忙来转去，两只脚都要从地上飞起来。有一天，突然接到通知，56医院的院长要找我谈话。

我走进门的时候有点忐忑，给院长打了个标准的敬礼后就不吭气了。院长是我老乡，山东人，身材高大，性格爽朗，还参加过不少战役，我对院长很崇拜，也觉得很亲切，院长有时让我到他家里尝一尝他爱人（也是参加过战役的医生）做的山东饭。一见面院长就用带着山东口音的普通话说：“小周，别紧张，快坐下喝口水。知道我今天找你有什么事吗？”

“谢谢首长关心。我不知道。”

“小周是个人才啊，我们56医院要留不住啦。”

我丈二和尚摸不着头脑，留不住什么意思？要把我调走？要入学提干？还是我犯什么错误啦？

院长徐徐道来，院党委考虑到你的工作表现，准备在两年义务兵年满之后让你提干。上次军区一位首长去北京的时候，见到两个妹妹年龄都小，了解到你家的实际困难，让你到北京的部队机关工作，如果调回北京就准备给你提干，我心里一阵窃喜，心想很快就要回到北京和妹妹团聚了。

院长接着又说：现在接到上面的通知，空军今年在全军范围内招飞，其中包括第四批女飞行员，昆明军区有推选名额，院里考虑你的条件比较合适，可以试一试。但是如果选飞成功，只能以战士的身份走。如果留在陆军，很快就能提干成为军官。何去何从，组织上尊重你的意见。

空军？飞行员？我心里马上腾现出飞行员的光荣、神圣和伟大。院长喝了口水，继续给我解释道，飞行员一般是从空军内部或者是院校招生，只有1968年要从陆军里挑选一批，这次对全军开放选人可谓是机会难得。尤其是女飞行员好几年才选一次，从新中国成立到目前只有3批几十个人。这项事业的开创与发展，与我们景仰的邓颖超大姐息息相关，是她首先提出新中国要培养女航空员。正是在她的积极建言下，党中央、中央军委决定培养女飞行员。能够驾驶战鹰翱翔蓝天不仅是女飞行员个人的荣光，更是新中国女性实现地位平等、撑起国家半边天的政治象征。

猝不及防，一道人生的选择题摆在我面前。一边是回到我心心念念的北京，照顾两个妹妹，穿上四个兜的干部服，可以拿几十块钱工资的干部；一边是蓝天上的战机，英姿飒爽的空军服，保卫祖国领空的豪情万丈。我垂头不语，沉默片刻后抬起头，对院长说："我提不提干都不重要的，我还是当战士吧。如果选上当飞行员，虽然艰苦，但飞行员可以保卫祖国领空，为祖国承担的责任大，贡献大。我知道飞行员训练很苦的，但我不怕苦。"院长没有接话，我又提高嗓门说了一句："我愿意到空军去！"院长点点头，我踏上了选飞之路。

体检在军区陆军44医院进行。我所在的陆军56医院当时主要是以疗养为主的，军区44医院在贵州是重点综合医院，因而担负了飞行员体检的任务。体检与初选同时进行，武装部、招飞办、医院，各个部门都来了人，这是一次多部门联合面试和检查。

军区44医院里，年轻的姑娘小伙子挤得满满的，各个科室门口的队伍排得老长。我走进医院门厅，恰巧旁边站着个威严的领导，看样子是主要负责人，用他那权威的眼神朝我看了一眼，说："这个身高、体重都够了……"那时招飞的初选就是这样，先目测，看你的身高、体形，有没有戴眼镜，是不是近视。

这个领导没有穿军装，但肯定是空军负责招飞的。听他说我"够了"，我心里就有底了。接着，所有人排着队，像流水线一样量身高、称体重、测视力。其中有一项转椅测试看上去很重要，许多人就是从这里被淘汰下去的。轮到我时，等我在上面坐定，医生就让转椅猛转起来，在转的过程中让我倒数，比如，100，99，98……然后在数的过程中，突然打断我并提问，比如，98加15等于多少？98减29等于多少？让我做算术题。转椅先是正方向旋转，然后再反方向旋转，倒数正数加减法不断抛出，我脑子比较清醒，题都答上来了，测试就算过了。

招飞体检的严苛早有耳闻，一点儿小伤疤都会影响最终结果。一项项排查下去，眼见着排队的人越来越少，不少俊朗的姑娘小伙遗憾止步，我最终顺利通过了体检。

体检之后就是政审。贵州省军区政治部派人到北京了解我的家庭情况，听说到了我父母的单位和妹妹们的学校走访，还去了山东平阴老家要查祖宗三代。在半个多月严格的外调政审之后，军区相关部门领导找我谈话说："我们的这次外调也是学习的过程，让我们非常感动，经过各方面调查档案中结论，你父亲是因公殉职！"这次谈话非常全面，我把自己的经历和想法，一五一十地作了坦率汇报。这一系列的步骤走完，我对能不能成为飞行员有了基本的判断，看样子十有八九我能行。但没有接到正式通知，心里总还是不踏实。因此，谈话之后，我瞪着大眼睛，鼓足勇气问了这位陌生的领导一个问题："我到底能不能成为女飞行员？"

领导淡淡一笑，说还要等最终的通知。看到我眼里的光一下子黯淡下去，他又补了一句："回去之后注意保护好身体，不要有任何的磕磕碰碰。"

"咚！"一锤定音，我心里的那面鼓终于敲定了。那种明快轻盈的感觉让我想狂奔又想飞翔。梦想着有一天我能驾驶着战机翱翔在天空，保卫祖国，成为战斗英雄。

医院内科李主任找我谈话说："关于入党问题我们党委研

究决定，把情况介绍给空军，你已经达到了标准，现在不发展主要是不要造成突击入党的印象，是金子肯定会发光的，相信你肯定行！”我那时候就是一门心思，要依靠组织、相信领导、听组织的话。这是我从小养成的习惯！

通知终于来了！整个昆明军区招了四名女飞行员，我是其中之一。通知要求我们迅速交接本单位工作上的事，在成都集中。到了空军，经申请，组织批准我的档案正式开始记录名字为周向党。我的名字正式从“周美英”改成“周向党”。从此，我的所有履历上，周向党成为唯一的称号。

1970年夏天，陆、海军的27名优秀女兵组成了新中国第四批女飞行员，大家从广州、济南、昆明三大军区齐聚成都。在这里，我见到了我的新战友们。一班长是马杰，我是二班长，钟胜英是三班长。

我们27个学员里，有五名干部，其余都是战士。

成都集中之后，我们满怀着憧憬和热情，进入空军第二航空学校，正式进入学习飞行生涯。我们的教研室主任是大名鼎鼎的第二批女飞行员秦桂芳老大姐。

二航校的全称是中国人民解放军空军第二飞行学校，学校与共和国同年诞生，前身是“东北老航校”，有着光辉的战斗历程和优良的革命传统。1949年12月1日组建于东北长春，当时被命名为“第二轰炸学校”。后来又改名为“中国人民解放军第二航空学校”。1966年3月至1969年4月，根据中央军委命令，校部由吉林长春迁至四川夹江。1976年6月改名为“空军第二航空学校”，1986年9月更名为空军第二飞行学院。1999年原空军十六飞行学院并入该院。2011年，和空军第五飞行学院合并为中国人民解放军空军西安飞行学院。

进入二航校，第一件事是搞忆苦思甜教育，我普通话讲得好，被选到演讲组，经过培训后做讲解员。我记得，我们飞行中队200多名学员到地主刘文彩的庄园参观，我担任卧室那一部分的讲解员。

1970年夏天，在我的记忆中留下了特殊的色彩。它是瑰丽的，也是奇幻的。如果说成为一名解放军战士是我中学以来的主动追求，那么成为新中国第四批女飞行员则充满了偶然，也是机遇。从贵州花溪到四川夹江，从陆军到空军，我像是做了一场梦，梦醒了居然还是真的。但这也是必然，我用积极上进、刻苦努力、勤奋拼搏抓住了机遇。我兴奋得睡觉都想要蹦起来。童年的苦难渐行渐远。

1970年底，由于自己的努力，加上解放军56陆军医院在选飞时已经将我的培养情况向空军介绍过，我成了飞行学员中第一批唯一的新党员。我第一次参加党员大会，男飞行学员基本上都是党员，我在黑压压一片男党员之中，心里忐忑不安。党员们丝毫不留情面，有生以来我还是第一次如此赤裸裸被公开揭短似的提出希望和建议，因为以前听到的都是鼓励和表扬。将近200人的党员大会，就我一个是被发展对象朗读党员申请书，接受全体党员评议。我感受到从来没有的尖锐与严厉，我的心情莫名地紧张和有压力，还好基本全数通过了。1970年12月，我成了党的人，真正成了党的女儿。

现在，新中国的女飞行员已经选拔了12批，从中产生了多位巾帼英雄。如果从航空史来考查，中国女飞行员已飞过了100多年的漫长航程，留下了无数条闪光的航线。这些永不消失的航线，是一座座耸立在蓝天上的丰碑。它镌刻着历代女飞行员对祖国、对人民、对飞行事业的无限忠诚和真挚的爱恋，镌刻着中华蓝天女儿不怕艰难困苦和勇于献身的精神，镌刻着蓝天女战士保卫祖国、建设祖国、为国争光的丰功伟绩。丰碑为历史作证：男人能干的事，女人也能干！

附录一（表2–1）。

表2–1

时间	地点	部队
1970年10月	四川夹江县	空军第二航空学校预科大队26期
1971年7月	四川成都市太平寺	空军第二航空学校第四训练团二大队（初教—5飞机）
1972年7月	黑龙江省哈尔滨军工大学	空军第一航空学校预科大队九期乙班
1973年7月	哈尔滨市双榆树	空军第一航空学校第一训练团二大队（初教—5）
1973年12月	哈尔滨市王岗	空军第一航空学校第三训练团二大队（运—5飞机）
1974年12月18日毕业分赴空军第34师和北空航运团（北京）	空军第34师（北京）	34师“里—2”飞机和“米—8”直升机（北京沙河）

第四节　飞上蓝天的花儿

飞行员是个高危的职业，而与它的危险相匹配的，就是挑选过程中的无情和残酷。进入二航校后，我们就迅速明白了这个道理，不是每个招进来的女学员最终都能成为写进空军历史的第四批女飞行员。同学们的心理压力都很大，第一个是自己给自己的，因为我们到这儿来，就是想当飞行员的，第二个是外界给的压力也很大，所有的课目都不能马虎，所有的时间都不能松懈，从入校到毕业，时刻面临着被淘汰的可能。

第五节　入党和苦训

我们这一批女飞行员我是第一批、第一个加入了中国共产党！在陆军56医院临床内科李主任在我选飞合格，找本人谈话时说：你是我们科里准备发展的入党重点培养对象。为避免突击入党嫌疑，我们研究决定还是推荐你到空军航空学校发展更好，已经把情况介绍给空军党组织了，希望你能经受住党组织的考验！我说，请党组织放心，我是党养大的，一定要做听党的话的好战士。

由于自己的不懈努力，12月份我就被组织正式发展加入党组织。兴奋、激动、紧张，我终于被发展为中国共产党党员，那天飞行学员大队召开党员大会，我如同站在X光机面前，200人的党员大会，就我一个人如电线杆子一样矗立在众人面前。每个人都面容严肃，认真听我朗读入党志愿书和发言。飞行学员大队副大队长表扬我的优点一句也没有记住，但是有人说我粗野、有人说我工作方法简单，我至今记忆犹新。虽然发言的人不多，可是已经让我刻骨铭心、终生难忘了。我从来没有经历过如此严肃、认真的批评和表扬，让我感到既光荣又有压力，我以前听到的表扬多，无形中滋长了自信和骄傲，现在则开始有了新的认识。新的人生，我是一名共产党员，应该以革命先烈为榜样，听党的话、跟党走，为共产主义奋斗终生！

文化、军事、体能，这三项，哪一项不行都会让我们远离这支队伍，打碎我们当飞行员的梦想，甚至彻底断送自己的前途。学校没有具体淘汰的比例，一条基本的界线在那儿，达不到就淘汰。比如，文化课如果有两门不及格，就会退学。第一年我们的学习重点是飞行理论，诸如飞行原理、三角几何和函数知识、飞机发动机构造、英语，等等，总共21门课。听教员们说，因为功课不及格而退学的情况比较少，而另两项，军事和体能就不一样了，它和你的智力条件无关，更多的是与你的身体条件有关，与你的心理和生理有关。在这两关被淘汰的大有人在。

体能训练的花样很多，单双杠、活动滚轮、固定滚轮、旋梯、长短跑等。别的项目我不发怵，我怕的是长跑8000米。夹江机场就是我们的跑道，长得一眼望不到头，我们往返跑。我当班长带头在前面跑，终点好像是看不到尽头了，腿沉得如绑了沙袋，胃里翻江倒海，我实在忍不住跑到边上的草坪里，哗的全吐了出来。呕吐物是褐色的，大家以为我吐血了，后来想想，是早上喝的咖啡。

这一关不过，迟早被淘汰，我咬着牙想出了妙招。怎么跑呢？就是边跑边给自己定小目标。我的小目标就是机场跑道边的参照物：一号机库到了，二号机库马上能过，塔台就在不远处。眼睛哪也不看，就盯着这一个目标，又一个目标，我的长跑终于进入了合格线。

夏天的夹江热得人心发慌，隔着地上蒸发的热气，操场边的高平台好像在摇摇晃晃，这是跳伞的基础准备课。爬上高跳台，腿是软的，汗是虚的，教员的口哨响起，我们爬上高高的木头架子，背着小包袱咣一下往下跳。一下，两下，三下……腿落在硬邦邦的土地上，膝盖疼得直不起来。晚上躺在床上，我一边揉着发硬的膝盖，一边琢磨跳落的要领：关键是要会缓冲！要在恰当的时机半蹲下去，蹲早了也不行，会一屁股坐在地下。第二天再练，我感觉出效果了！我的同学木易川，她的父亲是个军长，听说是个响当当的汉子，有其父就有其女。易川卡在这个环节不会缓冲，腿疼得都不会打弯，她不服输，很倔强，下了课还坚持练，让我很感动。虽然我的腿也疼，挪步都痛，课后我还是陪着她一遍一遍地练，包括穿伞、收伞、叠伞、操作伞绳，直到系列操作演练都过了关。

正式跳伞开始了。

女飞行学员们的训练生活有诸多相似之处，但第四批却有自己的独特之处，那就是我们曾进行过跳伞训练，“以前和以后都没有这样训练过”。

前面我们经过了严格的地面训练，跳伞实战开始了，一大早起床后我们来到机场，那是个晴朗的天气，风速有些大，几架运—五飞机昂首挺胸停在跑道尽头。飞行学员开始穿降落伞，后面背的是主伞，胸前抱着手拉应急备份伞。我们一个班一个班地开始上飞机，很快就轮到我们班上飞机。我们全副装备，按体重排好队，教员为我们做最后一次装备检查，背着沉重的伞像个企鹅似的。因为我们都是第一次跳伞，所以采用强制开伞的方法，这架飞机我是第一个跳。教员把伞钩挂在飞机的固定锁绳上，飞机舱门已经打开，我站在舱门口边缘。飞机攀升得很高，风很大，吹得头发都不听招呼。望着脚前深不见底虚无缥缈的大地，我心里涌现出莫名的恐惧！这时耳边响起教员的命令："跳！"我按照要领夹紧脚、握紧胸前紧急伞拉手，心一横纵身一跳。我心里默念"001、002、003……"突然好像是一只大手抓住了急速下降的我！砰的一声，我背后的大伞张开了，突然的减速把我从混沌中拉醒。我瞪大了眼睛看着大地和蓝天融为一体，淡淡的几朵白云飘过我的脚下，在绿色的大地上印有无数浅浅的不规则田字块，其间点缀着晶莹不规则水蓝宝石，在阳光的照耀下闪闪发光。整个世界静极了，连一丝风、一粒尘埃降落的声音都没有，整个宇宙好像只有自己一个人，太曼妙了！正当我忘乎所以地留恋时，忽然听到有声音呼叫："周向党向后看，T字布在你后面。"我转头一看我的降落地点在后面，我操作伞绳寻找着目标，看到了，那是由白色边界布围着T字布摆的一个圆圈，我向着目标飞行。跳出机舱到落地只有短短的3分钟，我必须按时操作伞绳飞到降落点。我伸手拉动伞绳转向，风鼓着伞绳很重，我就用牙齿和嘴帮忙操作伞绳，终于成功了，伞按照预定轨迹滑行，整个大地迎面扑来，随着速度的增加，大地迎面扑来的速度也越来越快。落地是瞬间的事，"砰"的一声，我的双脚砸到了地面，我安全落地了。但是风仍不知疲倦地吹着伞，伞被风吹得满满地张开，我被拖得连滚带爬，费了很大劲才收了伞。这时才感觉非常疲劳。后来在收队的车上听了很多趣事：战友们有的挂在树上、有的落在粪坑边、有的落在田地里……真是五花八门啊！

我们的训练课目还有悬梯、滚轮。滚轮课目一是考验抗眩晕，二是考验臂力体力。男学员上身壮，手臂长，在滚轮里撑得住。我们女生胳膊细，臀部大，滚轮忽忽悠悠一转，我们没几下就从里面摔下来，腰部腿部常常是青一块紫一块。用不了巧劲，我们就想笨招，用背包带把手脚捆在滚轮上，想掉也掉不下来。同学中有位个头小小的小胖墩，像个洋娃娃，她往滚轮上一站，只有一个结果，一圈转过去就要掉下来。洋娃娃个小志不低，掉下来再撑上去，汗水泪水打湿了头发，圆脸上留下黑黝黝的晒斑。晚上熄了灯，我摸到洋娃娃的床头，想看看她的伤情。洋娃娃龇牙咧嘴，疼得咝咝儿哼着："班长，你帮我看看，这儿磕青了吗？"我揉着她青青紫紫的腿，说："要想飞上蓝天，不吃点苦哪能行？"

第六节 “体验性”飞行

当太阳升起的时候，信号弹打响，一架架教练机像小鸟一样跳跃着从机库里滑出来。宽阔笔直的跑道上，飞机迎着风冲上蓝天，阳光披散在机身上，飞向朝阳。

我们很喜欢站在跑道旁，听着呼呼的风声，看着飞机迎着风起飞和降落。无数次飞翔的梦想，已成为此刻实实在在的飞行生活，梦想成真的快感，在第一次“体验性”飞行时最为强烈。

“体验性”飞行训练是在真正学习飞行之前，让我们体验一下上蓝天的感觉。教员驾驶着“初教—5”，我们坐在后舱。我没有坐过民航飞机，这是我人生第一次离开地面。四川多雾，在地面上，视线里总有一层蒙蒙的雾气。我没有想到，“初教—5”爬上一定高度之后，湛蓝湛蓝的天空突然露了出来。远处，雪山顶露出一个小尖，被太阳照得像镀了一层银。向下望，几条江弯弯曲曲的，似隐似现的水线在云下捉迷藏，真像仙境，现在回想起来仍然心旷神怡！祖国的江山真美！我做梦都没敢想过，我居然能坐着军机飞上蓝天！教员驾驶着飞机，指着机外的环境给我们讲解。羊群一般的云层、星罗棋布的河流湖泊、标定不同方位的建筑，巴蜀大地的全貌在我们的脚下铺展开来。“未来这将是你们的大地与天空。”教员的话充满了诗意。

第一次上蓝天，让我对即将驾驭的“初教—5”教练机充满了好奇和敬意。初教—5——我国第一种自行制造的初级教练机，原型为苏联雅克—18教练机。1951年，中共中央要求国有航空工业争取在3到5年内，从修理起步，逐步过渡到仿制苏联教练机和歼击机。1954年7月，南昌厂仿制成功首架雅克—18教练机，命名为初教—5。尽管现在看来初教—5老得掉牙，但它却是我国批量制造飞机和航空发动机的开端，有着不同寻常的意义。简单地说，初教—5是后三点式起落架，前后座舱、螺旋桨飞机。在这型飞机上，我们经历了飞行的启蒙阶段。

第七节　起飞

第一次独立操作起飞是科目3练习。在确定了螺旋桨下没人后，我打开电门，然后眼睛看着螺旋桨，按下了飞机发动机的启动按钮，就听到“轰隆隆”的一阵响声，飞机发动机被启动了。螺旋桨高速地旋转了起来，将原本静止的空气，大力地向后推动着。教员坐在后舱，机械师在舱外看我的操作没有什么问题，就发出手势关好座舱可以滑行。我关上了座舱盖，观察机务人员的放行引导旗。地面上的机械员，此时早已经将挡在飞机起落架轮胎前的轮挡撤去了，他们站在飞机一边，向教员做着可以出发的手势。一切就绪后，“03请求滑出。”我向塔台发出了请求，塔台发出了：“03可以滑出！”同意的指令。

我加大油门，飞机慢慢地从机位里滑了出来，向着滑行道缓缓地驶去，稳稳地停在了跑道一端的起飞线上。一切准备完毕，就要起飞了。“03请求起飞！”

“03可以起飞。”

随着油门变距杆推到最大，把好驾驶杆，两脚稳稳抵住方向舵，飞机在发动机的轰鸣声中，就像是一匹突然松开了缰绳憋足了劲的战马，颠簸跳跃着，在粗糙的跑道上飞速地向前驰骋。

滑跑了200多米时，轻轻一带驾驶杆，飞机的颠簸幅度明显减弱了，机身仿佛变轻了许多，机头缓缓昂起来，飞机平稳轻盈地离开了地面，没有了先前的颠簸与跳跃，整个飞机在升力的作用下，徐徐爬升高度冲入蓝天。

第八节　着陆

科目4练习是着陆，也是整个飞行中比较难掌握的科目，往往这个科目的淘汰率也是最高的，科目4练习一旦过关，就意味着飞行大门向你敞开了。初教—5飞机有一个设计缺陷，那就是起落架的轮胎排列为后三点（前二后一）。如果飞行员操作不当（如拐弯速度过大或过小），在滑行时很容易“打地转”，也就是飞机失去控制。有一次着陆深深印在我脑子里。那是一次不带襟翼落地。襟翼是飞机的减速装置，乘民航飞机时如果恰好在飞机翅膀旁的窗口就座的旅客，会看见飞机将着陆时翅膀后侧有几块板竖起来，那就是起减速作用的襟翼。初教—5的襟翼在飞机下方，放后飞机消速很快，落地难度降低。

不放襟翼落地，飞行速度越大，飞机越灵敏，相对操作起来平稳度显低。（不过我在学习飞机不带襟翼落地时没有觉得不稳，不同点就是下划线低，两脚踏平、手里拿捏好驾驶杆与飞机状态的那个劲、掌握好提前量、预计性操作）理论如何与实践相结合就靠琢磨。师傅领进门，修行靠个人，我是同批里第一个飞这个科目的。我观察着教员的动作，远远看着飞机降低高度朝机场飞过来，下滑角很小，那飞机就像小偷似的，摸着进村的感觉，不像带襟翼着陆那样光明正大。

轮到我操作了。远远的，机场就在我前方。飞机降低高度之后，操纵杆非常沉，像抻着橡皮筋的劲似的，我把下滑角放低，飞机俯角逐渐减小、速度减小，心想着操作要领：动作一定要柔和，准确，要有提前量，动一点是一点。操作动作一般是先大后小的双重动作。

"放起落架。"教员简单明了地下达口令。

"明白。"我操作起落架放下，听到起落架放下的声音，机身微震。我又检查了一下起落架指示灯和安全指示杆。

"1号03起落架放好，03请求着陆。"我向塔台报告。

"03可以着陆。"指挥员回答道。

6米，调整油门；5米，2米，看好地面；1米，飞机平飘（也就是飞机拉平退出俯角是着陆好坏的关键）；从1米平飞到改变状态成为昂首挺胸达到落地姿势完成的重要阶段，收光油门；0.25米，完成飞机状态、速度、准确、稳定、拉紧油门、带住杆，稳住，接地！飞机就像是一个温顺的孩子，丝毫不差地完成着陆状态。我坐在飞机上，甚至感觉到轮子在草梢上划过的嚓嚓声。

第九节　险情

具备了单飞能力之后，我们开始航行飞行训练。一次我们按照正常航线准备返航，突然发现航线前方转弯点被其他飞机切了，原本应该在我身后的飞机怎么超到我的航线前边？我飞的是正常大三角航线，另外一架飞机飞的是小三角航线。一前一后稍不注意就会危险接近，这次险情因为我们及早发现对方切了航线，才幸运地化险为夷。一年之后，类似的特情发生在另外一个大队飞夜航时，后机超前机发生了一等事故，夺去了三位战友的生命，整个营区都是一片悲哀，连飞鸟都闭上了嘴，不敢张开翅膀，怕惊扰了这里沉痛的空气，饭堂里连续几天几乎没有什么人吃饭。

第十节　单飞

我一直盼着放单飞。这么多年来，我对自己逢大事时的控制能力很有信心，遇事不紧张，按部队的话说，就是关键时候不会“拉稀”。1973年的一天，我迎来了学飞行以来的首次单飞，我是教学小组的第一个单飞。开飞前，教员问我有没有信心、敢不敢飞，我说：有信心，敢飞，请教员放心。他说敢飞就飞，没问题。我心想终于可以单飞啦，自己定了定神，登上了飞机。飞机后座没有教员，替代品是沙袋。在飞机上，先检查各种仪表，把程序在脑子里走了一遍，等指挥员给了滑出指令，我向机旁伸着大拇指的地面人员举手，驾飞机稳稳地滑行，然后平顺地拉起（图2-1）。

终于能在蓝天上自由地飞翔了，那种感觉真是无比美妙。看着蔚蓝的天空和身下的大地，我心里满是激动和自豪。那一刻，觉得自己成了仙女，在天上自由飞舞，飘逸而美好。这是我做梦都没想过的荣光啊！

■图 2–1　向飞行学院王虎臣飞行副大队长学习飞行技术

回到地面之后，我写了一篇日记。“我是孤儿，妈妈也是孤儿，妈妈拿的是讨饭棍，挨家挨户地要饭，当的是童养媳；我也是孤儿，可我现在手里握的是飞机操作杆，党和人民把我养大，我还见到了毛主席、周总理。同样是孤儿，新旧两重天。古有报国志，而今报党恩。”

第十一节　考核

我至今难忘，首次考核的考官是航校郭宪斌参谋长（校长）。首长年轻，技术高超敢放手。这恰恰是我的心愿，我飞的时候特别希望教员让我自由大胆地操作。

那次考核是飞仪表。随着飞机腾空而起，郭参谋长就一言不发了。驾驶舱的玻璃被机械师盖上了罩子，从里面往外什么也看不见，只能按照罗盘、仪器飞。我按照考核要求在天空上转悠了一圈，准备长五边落地。他还是没接手，在指挥着我保持飞机状态、下降的高度、保持的速度，口令清晰果断，我盯着仪表一直转到五边，高度已经很低了。我说："首长，您赶紧接吧，我看不见。"这会儿，他才不慌不忙接过来。下了飞机，给我打了一个满堂红，全5分。这次我在老领导身上学到很多东西，尤其让我看到了什么是艺高人胆大，让我敬佩和感恩！

郭参谋长后来成为二航校校长，而后又到成都空军当参谋长。几年后，我到云南前线执行任务时与他相逢，他坐上了我驾驶的飞机。我一眼认出了老首长，兴奋极了，师生在战地前线相见，也是缘分。那次飞行，天空阴沉沉的并下起了小雨，老首长站在了我身后的驾驶舱门口，我看着飞机前方有些变黑的云雾，平复了一下心情，集中精力稳稳地操纵着飞机。我见结冰指示棒开始长白毛（结冰），就打开了仪表盘上的防冰系统，增加爬升高度，争取尽快脱离危险结冰层。飞机安全落地后，老首长走到我跟前，语重心长地对我说："飞行一定要注意安全，常言说初生牛犊不怕虎，你都是老飞行员了，一定要谨慎！"老领导送我们住进军人招待所，还专门关照军招所长卖给专机组每人一瓶茅台酒（8块钱一瓶，是用薄的白纸包裹瓷瓶酒）。这瓶酒我留了很久舍不得喝，直到后来上海几位挚友一起到家里吃饭才打开，酒瓶启开后满屋飘散着酒香，液体已经挥发成了半瓶，倒出来淡黄色的酒杯满不溢。所有品酒者赞叹不已！老首长郭宪斌的关怀和情谊至今记忆犹新！

第十二节　转校

第四批女飞行员在四川经历了两个地方，夹江和太平寺。由于在20世纪70年代初我们国家生产的直升机还没过关，第二批的老大姐陈志英等几位女飞行员在驾驶直—5飞机执行任务中牺牲。因此第二航校党委建议空军我们这批女飞行员不飞直升机。1972年夏天，空军党委同意我们从天府之国的二航校转移至黑龙江的一航校，先后在哈尔滨军工大学第一飞行学院、哈尔滨双榆树训练团、哈尔滨王岗训练团三地学习。在双榆树飞的仍然是初教—5，等到了王岗，我们就开始飞运—5了。

从成都转校至哈尔滨途中还有一个小插曲。大家坐火车到了北京之后，专门为我放了三天假，让我回家看望两个妹妹，其他同学住在北京大窑堡空军招待所休整三天。自从参军离开北京的家几年，我没有回来过一次家，心里埋藏着深深的思念，这是第一次以军人、飞行学员的身份回到前门大街山涧口。找到了自己离开时候的家，本来想给她们一个惊喜，可是到了老房子给了我一个惊吓。妹妹们已经不在“一条龙”住了，我心里一片茫然，赶紧打听妹妹住在哪里。我当兵走了之后街道办事处安排妹妹们搬了家，那个院子里住着人民警察叔叔一家，还有革命老干部，老干部早就参加革命了。有很多部下都在重要工作岗位上，只有老夫妇俩。我在同学刘方同的带领下找到了“十五间房”，妹妹们看到我惊喜得不知所措。她们俩长高了，我几乎认不出来了，我们激动地流下了眼泪。我抚摸着她们的小脸儿，感到深深的愧疚。

第十三节　运—5

运—5有一个别称——“空中拖拉机”。飞上大飞机了，我们个个摩拳擦掌。我的第二个起落由一个副大队长带飞，他大胆放手，我大胆操作，教员们都很高兴，说周向党飞得真好，领悟得快，唯一的缺点就是杆拉得不紧，着陆容易打地转。

第二天继续飞，大家对我信心百倍，寄予厚望。可不知道怎么了，我越想飞好，心思就越集中不起来，压力一大就静不下心，越飞得不在状态，就是行话说的“飞行反复”了。我掐着自己的大腿，鼓着眼珠子看着仪表盘，还是达不到要求。一个起落下来，我蔫不拉唧地走进休息室，一个人发愁，我这双眼睛、这双手刚才都干吗去了呢？窗外是一个接一个地起飞、着陆，巨大的轰鸣声刺激着我的隔膜，焦急、茫然把我的脑细胞占得满满的。

自从飞行以来，我对自己有一股说不出的狠劲儿。在同期的女学员中，我对吃喝打扮都不太在意，对于飞行外的“八卦”消息充耳不闻，一门心思都在飞行上，连做梦都是蓝天尽翱翔。

晚上熄灯之后，同学们打着小手电看文学书籍，写家信，我都是钻在被窝里看英语，背飞行要领。在机场的大草坪上我席地而坐、回忆琢磨着飞行中的状况、状态，每一个眼神、视线，角度、余光的投放、飞机运动的实际下滑点的判断，我把刚才的飞行过程复盘了一遍又一遍。

这次飞行，我总感觉视线受到了机头的影响，实际下滑线的运动轨迹投影点没有抓住，余光、飞机状态的配合没有处理好！我把疑虑给带飞教员和盘托出，教员与我一起分析，除了技术不熟练之外，还有一点是心理调节问题。这次飞行给我上了一课，虽然平时我的成绩是拔尖的，但没有最好，只有更好，飞行这项事业容不得半点失误和骄傲。

第十四节　事故

飞行是美好的，也是残酷的。当初加入空军时我豪情满怀，脑子里全是蓝天白云银鹰的壮观景象，但越学越谨慎，越飞心越细，因为我明白，风险潜伏在飞行中的每一分每一秒。在哈尔滨学飞运—5期间，校友的一起事故给我上了刻骨铭心的一课。

那一天是夜航，几架运—5接连起飞，夜幕低垂，给天空罩上了一块大黑绒布，一切在有条不紊地进行。突然，在起落航线三转弯中后面一架飞机切入，没有观察到前面的飞机。直接撞到前一架飞机的水平尾翼，造成了一等事故，机毁人亡，三名飞行员当场身亡。

我们在一个食堂吃饭，我平日见过发生事故的男飞行员，那一次我真正体会到无常，活蹦乱跳的飞行员刚刚还在一起，一个起飞之后，这几个人就永远见不着了。

沉默、悲痛。往常去食堂吃饭，食堂里一股热腾腾的气息。飞行学员们都在20岁左右，一个个年轻力壮，生龙活虎，常常在饭堂里你追我赶，抢吃抢喝，故意制造出点小麻烦，我们在边上捂着嘴乐。可是那一天事故之后，没有人进去吃饭，队长们赶着我们去吃饭。进了食堂，鸦雀无声，饭菜基本没动。沉痛和压力像乌云笼罩着年轻的我们，生与死也许是飞行员永恒的选择题。

第十五节　英姿飒爽上蓝天

1973年夏天，我们正在训练场，部队领导带着中国人民解放军八一电影制片厂新闻纪录片制作的郭队长等一行人朝我们走来，一边走一边介绍我们女学员的情况。我们集合立正，受领了一个特别的任务——拍新闻纪录电影。

“周向党。”

“到！”

“出列！”

我莫名其妙地被点了将，后来了解到，这是一部反映新中国女飞行员生活的新闻纪录片，由于我独特的身世背景，我的故事被定为这部纪录片的主线。

纪录片拍了两三个月，从春末拍到了初秋。最开始的时候，摄像机往我们面前一架，我们站也不是坐也不是，浑身像长了毛虫，哪里都不自在。尤其是还有台词，本来简简单单的几句话，怎么从我嘴里说出来就那么不自然呢，尤其是镜头对着我更是不好意思。我的特写镜头比较多，想到还有其他战友心里就不踏实。因此只要不是郭队长特别要求的镜头外，其他有摄像的场景我就向后推，把机会留给别人，为此我也挨过郭队长的批评，说我配合不主动。随着一天天过去，导演和摄像、摄像机在我们面前变成了透明的，出现在镜头前的我们也真实多了。

■图 2–2　八一厂拍《英姿飒爽上蓝天》新闻照

这部由中国人民解放军八一电影制片厂拍摄的黑白纪录片拍好之后，中央电视台也来拍了，是彩色的片子，飞机、蓝天、白云、日出，美极了。为此郭队长曾经和我说起，很后悔《英姿飒爽上蓝天》（图2–2）没有拍成彩色的，如果是彩色的会更美，飞机特技在蓝天白云之间翻滚、拉升、盘旋、鹞升、编队、开篇，中国第四批女飞行员在日出中迎着朝霞长跑会更美。不久，《英姿飒爽上蓝天》这部反映中国女飞行员的新闻纪录片就在全国影院放映了。那时候看电影之前都有一部新闻纪录片作为加片，《英姿飒爽上蓝天》随着大荧幕走进那个时代的观众心中。后来知道，我的爱人陈义红也多次观看了那部纪录片，只是没有想到里面的女飞行员会最终与他结为蓝天伉俪。生活的缘分是多么地奇妙。

纪录片在一航校所在的城市哈尔滨也放映了。一个周末，我们放假去黔灵公园游玩。那天正好是六一儿童节，小学生们放假，公园里到处是穿梭奔跑的小孩子。我那天穿着军装，发现有一个小朋友老在那儿瞪着看我。“周向党，你是周向党！”小朋友喊了起来，很快一群小学生都围了上来，“你是女飞行员，我在看电影的时候看见过你！”真是没想到，一部纪录片，让我体验了一把明星的待遇。

这部纪录片，既是时代的记忆，也是我个人成长的记录。新旧社会两重天，旧社会曾经的孤儿母亲拿着打狗棍，新时代的孤儿手握驾驶杆。怀着对国家对党朴素、深沉的感恩情怀努力向上。现在每每再看《英姿上飒爽蓝天》，我依然心潮澎湃。

第十六节 《英姿飒爽上蓝天》主题歌词

像那海燕穿云破雾，像那雄鹰展翅飞翔，
我们年轻的空中女战士，战斗在万里蓝天上。
文化革命经风雨，红色征途炼纯钢，
敬爱的党给了我们智慧和力量，青春似火斗志昂。
革命重担挑肩上，五洲风云胸中装，
毛主席挥手我出航，勇敢坚定向前方。

祖国大地多么壮丽，锦绣河山洒满阳光，我们年轻的空中女战士，豪情满怀战歌扬。中华儿女多奇志，白云生处摆战场，亲爱的党给我们插上钢铁翅膀，云山雾海打豺狼。“革命重担挑肩上，五洲风云胸中装，毛主席挥手我出航，勇敢坚定向前方。”这首歌的作词和作曲制作组与我交谈了飞行事业的感受，这部主题歌出来后，我觉得特别亲切，它唱出了我的感觉和心情。

1974年冬，我以最少的起落次数，飞完运—5所有科目，拿到了全优成绩，顺利毕业，从飞行学员正式晋升为飞行员。在训练期间，我的同学中陆续有4名女同学因身体条件、技术或其他原因没有过关被淘汰，最终毕业时，只有23人成为我国第四代女飞行员。

为此我特别兴奋，彻夜难眠，故而写了一首《毕业》表达心情。

毕业

1973年12月

长白山巅彩云飘，松花江畔喜浪涛。
党育幼鹰抖双翼，扶翼拭泪向党笑。
党恩深埋般中牢，没党哪有我今朝。
女娃即忘烈士骨，为赤寰宇穿九霄。

——周向党

第十七节　航校趣事：又粗又野的假小子

从1970年夏天选飞，到1974年12月离校，第四批女飞行员经历了四年半的航校学飞生活。俗话说，三个女人一台戏。20多个豆蔻女孩集合在一起，也发生过不少让人忍俊不禁的趣事。我天生带着“北京大妞”的豪气爽快，自认比不上江南女孩灵秀俊美，大家打趣我“假小子”。小子就小子吧，天性里就有一股子“粗”劲。

第一次被人指出我的“粗”，可不是私底下的小玩笑，而是在有200多位共产党员参加的新党员发展大会上，那是本来自我认为是一件很光荣、很神圣的事，很让自己引以为傲的人生新启程会议。这次大会是我渴望已久的新党员审批通过大会。我是所有新飞行学员中的第一批新党员，并且这一批我们如此多的新飞行学员，只有我是被发展的新党员。我认为这足以证明组织对我的信任和认可，说明我表现得很优秀，基本达到了一个共产党员的标准，我还担任飞行学员班长，我该是最棒的！但是没有想到党员发展大会不讲一丝一毫情面，与会者按照共产党员的标准对我提出要求，非常严格！我是200多党员唯一的聚焦点。有生以来，我彻底体会了一把如坐针毡、如芒在背的火辣辣感受。

在陆军56医院的时候，院党委已经在考虑我提干和入党的事情，因为我所在的昆明军区（含贵州军区、云南军区）招飞要求必须是战士，如果提干就没有了招飞资格。院政治部领导找我谈话时说，现在你已经达到党员标准，如果在去空军前把你发展入党，会让空军的领导觉得有突击入党之嫌，让人家误认为你这个共产党员的水分太大，我们党组织会把情况介绍过去，你到了飞行部队严格要求自己，积极努力，用自己的扎实表现证明，你已经完全具备了共产党员的条件，那样会更有利于你今后的进步与发展。我表示完全服从组织安排，到了空军一定努力做出成绩，为贵州省军区和56医院争光。56医院的几位领导包括省军区领导一直把我当成骨干在关心培养，到了空军之后，我也一直按照他们的要求，踏踏实实学习工作。后来据战友回忆，省军区开会时还常常提到我的名字。加入空军4个月后，1970年12月29日，我的入党申请通过了，学员大队召开全体党员大会，吸收我为预备党员。我周向党名副其实成了党的女儿。

我记得很清楚，与会的党员有学员队的领导，有已经入党的飞行学员，200多个人把一间大教室挤得满满的。正值隆冬，在没有暖气的教室里手脚被冻得没有知觉。那一天，我站在最前面，既光荣又紧张，看着黑压压的人头，心窝后背一个劲地淌汗。入党是一件严肃的事情，全体与会党员对即将入党的人提出意见和建议是必须履行的程序。想到一大群人要对我“开炮”，我心里惴惴不安。大家都会提什么意见呢？

刘副大队长开了第一炮。他说话很直接，上来就说：“周向党有点粗，也有点野，总的感觉是比较粗野，像个男孩子。”他接下来举了一个例子，说我们女飞行员一起表演节目，其他的女同志动作都很柔和优美，可我做出来的东西就稀里哗啦，吊儿郎当。

下面的人群里传出压抑不住的窃窃笑声。我的头嗡的一下爆炸了，心想刘副大队长怎么能当众这样说我呢？跳舞又不是开飞机，我在学习驾驶动作上肯定会一本正经，跳舞粗一点有什么关系呢？我就是这样大大咧咧的性格，难道女孩子都得像林黛玉那样吗？

另一位副大队长对我的批评意见是“不动脑子”。他举的事例如下：那是飞行员集训之后的一次拉练。每个人打着背包，背包上带着洗脸盆牙缸牙刷备用胶鞋等物品。走得远了，有些人的背包打得不紧，这些东西就丁零当啷往下掉。正好路过田间一个小水塘的时候，前面一个学员的刷牙缸子骨碌碌连蹦带跳就掉进水塘里了。我一看，毫不犹豫就往水塘里一跳，想帮同学捞上来。没想到我这粗笨的一跳，原来在水面上漂着的牙缸翻了个身，沉到水底摸不着了。副大队长说：“周向党啊，你就是不动脑子，缸子漂浮着，拿着木棍一挑就上来了。结果你把裤腿全弄湿了不说，最后东西也没捞上来。”

从小到大，我还没让人这样批评过，尤其是站在大庭广众之下。我心里直叫屈，第一批就我一个学员入党，这是多么光荣的事，怎么他们一个个批评得这么严肃呢？

事后学员队的指导员找我谈话。他的一番话解开了我的思想疙瘩。指导员说："要正确理解大家的批评建议，因为你不一样了，你是共产党员了，共产党员就应该用共产党员的标准要求自己。"

指导员说了很多，既有关心和怜爱，也有期望和要求。比如，大家批评我不够细腻，虽然举的事例听起来无足轻重，可是对于飞行员来说，"细"是一个关键因素，不细你就飞不好、飞不出来，甚至会飞出事故。我从小就是孤儿，在北京的大胡同里长大，自己一边当姐一边当妈带着两个妹妹，个性里顽强勇敢的成分自然多一些。但当了飞行员，对性格的要求更为全面，不能只凭着一腔热情。

入党这一关是我人生的重要一课。古希腊德尔斐神庙门楣上镌刻着这样一句话："认识你自己。"哲学家苏格拉底常用这句话教育弟子。我一路成长，怀揣着一种朴素的感情，就是要报答党对我的培养，要活出孤儿的志气和豪气。有时候只顾着埋头前进，却忘记了多省察自己的内心。知人者智，自知者明。当着两百多个人接受一次批评，让我有机会重新考量自己，不断校正人生的航线。

在航校，我最擅长的体育项目是打篮球。经常是课余活动的哨声一吹，我就抱着篮球开始呼朋喊伴打篮球。在球场上我有个外号，人称"亚洲虎"，大概是源于我是属虎的。区队长是"非洲狮"。我俩的球场风格比较一致，就是"猛"，打起比赛来不管不顾会不会受伤，整个一个拼命三郎。

除了篮球，我琢磨得最多的还有乒乓球。正课上完，好不容易挤出一点休息时间，我都舍不得用来睡觉，就去找乒乓球高手切磋练习。经常躺在床上，脑子里还想着正手反手、拉长线拉弧线。那会儿我们都是20岁左右，感情上正是朦朦胧胧似雨像风的年纪，周围的女同学有时候也会谈一点男生的话题。问到我，我却是一问三不知。女同学笑话我，别人躲在被窝里写信，周向党在被窝里不是背英语，就是翻来覆去想着在篮球场上、乒乓球台上胜人一筹，一点也不解风情，真是个“假小子”。

“假小子”的趣事不少。在成都二航校的时候，夏天漫长而炎热，大家拿个小板凳躲在树荫下背题看书。南方的樟树、黄桷树和北方的白杨、白桦不同，树矮而冠大，分岔多，像顶着一把大伞。我嫌树下人多声杂，三下两下就爬到了树上，背靠着树干舒舒服服地斜坐下来。我挺得意，这地方多好，清清静静没人打扰我看书。指导员从窗口见着了，气得拉长脖子喊：“周向党，你干得出来啊，你看人家都在树底下，就你这个班长爬到树上去了。你真是能上天能上树啊！”

到了哈尔滨一航校之后，飞行员多了一项体育训练——滑冰。大家又在我身上找了不少乐子。上冰的时候，就数我胆大又较真，其他同学感觉不稳当了，都是磨磨蹭蹭往前小步走。我不管三七二十一，铆着劲儿往前冲，所以就我摔跤摔得最多。嘣噔一下，准是周向党又摔跤了。教滑冰的王教员课后问我：向党啊，你摔跤疼不疼啊？我说怎么能不疼啊，屁股都快摔八瓣了。教员笑呵呵地说，我看你一会儿一个跟头，跟头不断，眉头都不皱一下，也不叫唤，我还以为你不知道疼呢！

我还有股冒失劲儿，就是不记人名不认路。一直到现在出门了都是我爱人陈义红领路，我身上也不带钱，遇着熟人了，这名字就在嘴边上却想不起来。在航校我就闹了个大笑话。一天我在大队值班室值班，电话铃响了，我接起来一听，是南方口音，说找“赵咸菜”。我说我们这儿没有赵咸菜啊，电话那头还是笃定地说有，必须要我去找人接电话。我跑到外面扯着嗓门喊，咱们队有叫赵咸菜的吗？不一会儿，一个男同学急急忙忙跑了进来。这人我是见过，可怎么也想不起他就是“赵咸菜”。旁边同学提醒说，周向党，你怎么能给人起外号呢？这位同学不是叫赵咸菜，还是一个区队长呢，你怎么连他的名字都不记得。打那以后，委屈这位区队长同学得了个“咸菜”的外号，让人喊了好几年。虽说大大咧咧的性格闹了不少笑话，但天生的胆子大也给我加上了一层“侠女风范”，干下一桩“行侠仗义”之事。

飞行学员学飞行要分成几个人一组，每组的教员做完一个飞行示范之后，学员们依次上机体验飞行动作。一般的规矩，几个学员轮流飞，头一个（可以看到飞行教员自己飞行的示范动作）可以用教员示范的操作动作，在我们看来，能首个放飞意味着动作掌握扎实，教员信任放心。但我们组的教员总是安排这一位学员先飞，在教范上也显得格外用心，同组的学员都说，教员还常常给她开小灶。犹如一个家长对自己其他的几个孩子关心少，不公平，其他人心里就会有小疙瘩。我灵机一动，我要整一整这位带飞教员。

有一天飞行训练完毕，教员把我们几个招进教室，准备总结讲评。我在教员入座之前，打了一碗水，碗里面水装得满满的，放在教员座位前的桌子上，教员要讲课写字，必须把这碗水端开。

一会儿教员进来了，看见这碗水一愣。他停顿了一下，把这碗水轻轻端起来往边上放，但水还是洒了一点出来。我没头没脑地说了一句："教员，你这碗水没端平，端平了水就不会洒出来了。"我话音一落，其他同学都扑哧笑出声来。教员脸一白，把碗"啪"地往桌上一放。

第二天，我被叫进了参谋长的办公室。看样子教员已经给领导打了小报告。我心想，这一顿狂风暴雨的批评是免不了啦。没想到郭参谋长并未动怒，反而开着玩笑说："周向党，看不出你还蛮顽皮啊！"然后参谋长给我讲了一个故事。

抗战期间，冯玉祥力主抗日，多次进谏蒋介石，要蒋介石坚持抗战到底。一天冯玉祥大白天提着一盏点亮的马灯，抱着一个木匣子，闯进了蒋介石的官邸。蒋介石连忙问这是怎么回事，冯玉祥说："不点灯不行呀，太黑暗了！"气得蒋介石脸都变了颜色，但对他也没有办法。

"想不到你周向党也唱了这么一出戏啊。"参谋长说完哈哈大笑。我以为这事就这样谈笑之间过去了，没想到初教—5考核飞行时，带飞我的正是郭参谋长。他粗中有细，虽然对我闹的这一出"一碗水端平"事件没做追究，但一直关注着我的飞行技术。好在我考核时技术过关，赢得了他的每项全优5分成绩的满堂红。

离开二航校之后，我每每回到成都，都会去探望郭参谋长，后来他升任二航校校长、省军区参谋长。那次在中越自卫反击战前线相遇后，他给我开了个小后门，让我去买两瓶茅台酒，用的是他的指标。当时，茅台酒8块钱一瓶，我留了十多年也舍不得喝，心想着这是老校长的特殊优待。直到转业回地方后，有一回朋友相聚，我才忍痛打开了一瓶，结果酒已浓缩成半瓶，倒出来的酒液已成黄色，满屋生香。

被我将了一军的带飞教员事后也挺不好意思，他向我解释说，那位同学在飞行技术上有一些短板需要加强，出于想把每位学员都带出来的初心，不由自主地偏心了。这些我也理解，这个战友长得漂亮，在球场上是主力球员，她的球技精湛威猛，就是在飞行上有些不稳定，虽说“端水事件”在二航校轰动一时，却并未对我们这些当事人产生过多的影响。以后的飞行教学中，我们依然是谈笑风生、教学相长，就是我这个“愣”劲的名声越来越响了。

经过刻苦努力，我终于盼来了放单飞的日子。在我们教学组我是第一个放单飞，虽然和教员有些小插曲，他还是把我放在了教学组的第一个单飞。单飞意味着独立放飞蓝天，独立打开翅膀翱翔蓝天。天是湛蓝湛蓝的，飘着几朵白云，绿色大地上流淌的河水像是银色发光的飘带，美极了，我爱我美丽的祖国，我像那海燕穿云破雾，像那雄鹰展翅飞翔，我们年轻的空中女战士，战斗在万里蓝天上。我为祖国骄傲，为自己成为一名女飞行员而自豪，我叫向党，一心向党！

1972年，我从二航校初教—5毕业转入一航校飞运—5。转入一航校的主要原因是那时直升机是国产“直—5”，因为技术没有过关，第二批的陈志英几位大姐在34师执行任务中光荣牺牲，因此学校给空军打报告批准女飞行员转入一航校飞高级教练运输机。

我的接受能力很快，是一个副大队长带我飞，说动作飞得好，唯一的缺点是杆没有抱紧，要防止打地转，为此特别表扬了我。

在飞运—5前，我们先进行了初教—5恢复飞行，我是属于恢复快，飞行起落用得少就达标准的。领导们都是我的师父，看事情比我透彻，因此二航校郭校长路过时，专门到哈尔滨一航校看我叮嘱我，要我严格要求自己。

解放军八一电影制片厂要拍摄电影纪录片《英姿飒爽上蓝天》，因为我的努力拼搏和积极向上，也由于我的孤儿成长历程体现了新中国社会制度的优越性，在校领导和教员的关心下，我成为片子的主角。在拍摄中导演多次提醒，让我到镜头的前面主要位置，我觉得不好意思，能躲就躲，不主动抢镜头。在做片子主题歌时，词曲作者专门听了我对党的感激之情以及对新中国的热爱之情。我觉得这首主题歌写得激情澎湃非常赞。

航校生活让女飞行员们大多显示出“女汉子”的特征，大家朝夕相处，说话直来直去，很少拐弯。我也由此交到了不少兴趣相投的好友，并且保持了一生的珍贵友谊。

进校之初，我说的是一口地道北京方言，儿化音特别重。文化课上，要求女飞行员讲话要标准化，尤其在飞行术语上要求严。有几个好朋友专门纠正我。一听到我“儿”音出来就当头棒喝：“周向党你怎么回事，怎么老改不了，花儿，‘儿’酸不酸啊？”骂了几次，我还真被纠正了过来。

我的学飞阶段正值“文革”时期，我们幸运地躲过了社会上的动荡风云，在生活上也享受到了较好的物资保障。每个月都给我们发水果、巧克力，还有香皂。我把巧克力和香皂攒起来，用毛巾裹着小心翼翼地塞进巧克力罐子里，隔一段时间就寄回北京给妹妹们。

有一位木川女同学，性格比较内向，话不多，但说话办事都很仗义，透着一股大家闺秀的风范。后来我们了解到，她是将门之后，从小家教严格。虽然她家庭条件很好，但是对吃穿打扮却从不在意，衣着特别朴素，一年到头都是军线袜子。

招飞不久，妹妹给我寄来家信，说收到了汇款，问是不是我寄的。那会儿我们一个月的生活费不到10块钱，我也寄钱回去，但都是固定时间固定数额，这钱到底是谁寄的呢？我四处打听，谁也不承认。后来我了解到，十有八九是木川寄的。她了解到我的家庭条件后，同情省吃俭用的我和孤单在家的妹妹们，想办法帮我解决些困难。她绝口不提此事，战友之情的朴素和纯洁，让初入空军的我感念万分。还有第二批女飞行员秦桂芳时任教导主任，航校王校长，他们始终把我这个孤儿当家人对待。秦大姐到了周末就把我叫回家吃饭，她生了三个儿子，家里永远是吵吵闹闹热气腾腾。我在他们那儿，感受到久违的家庭温情。

航校生活就像一把美工刀，一丝不苟地雕刻出我们的飞行技能，也一笔一画勾勒出我们的性格品德。如今和老校友们聚会，大家还对我的“粗”我的“倔”印象深刻。

第三章

陈义红：王牌飞行员的梦

第一节　梦想天空分外蓝

一切就像是电影。

有些是命中注定，有些则是一念之间。在人生的转折点上有很多的岔路口，当我们选择一个方向的时候，无法知道往后的路是坦途还是坎坷，但只要决定了，就要坚定地走下去。

图 3-1　飞行员陈义红

我，陈义红，生在上海长在上海，能成为一名飞行员，就是我在人生岔路口上的一次偶然选择，或者这也可能就是命中注定，因为在此之前我从未想过自己这一生可以和飞行密不可分（图3-1、图3-2）。

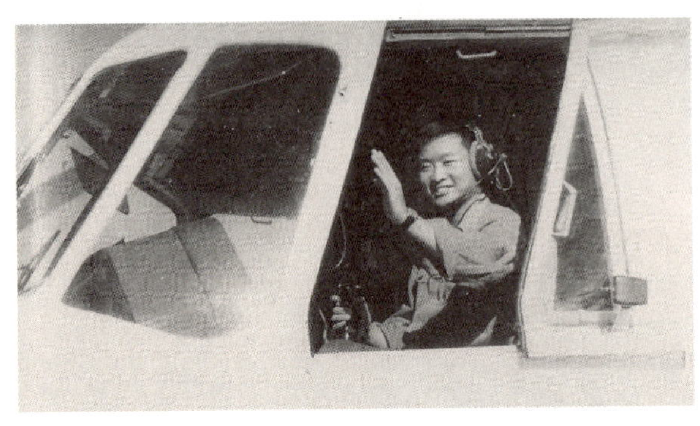

■图 3-2　陈义红是全军学习硬骨头六连式飞行中队长

当我还在初二的时候，我稀里糊涂地凑热闹，跟着大家在黑板报上表决心，签完字才发现那是报名参军的“决心书”，上面写着“一颗红心，两种准备”，那会儿也不知道自己是个啥心情，因为参军入伍是很光荣的，能够穿上军装在那个时候也是很难的。不过也正是这次的“稀里糊涂”，却让我的未来目标越来越明确。人生就是这样，当你没有目标的时候，会感觉日子很平淡，没有什么追求，一旦你有了目标，你就会觉得每天都很有意义，因为你知道自己为什么而活，为什么而奋斗。

能抓住这样的机遇，我觉得这也跟自己的成长经历有一定的关系。小时候我家里条件不好，父亲在沪东造船厂当车间党支部书记，母亲在浦东高庙部队油库里当保管员，通过用手推车搬运库房物品的杂活来挣点钱贴补家用。

我们一家七口住在沪东新村红色新公房三楼一间不到60平方米的房间里，当时父母挣的钱不够这么多人吃饭，爸妈就把我二妹送到江苏盐城乡下别人家里去了。那会儿是真的没有办法，我是家里的老大，在西沟上小学五年级的时候，爸妈就把饭票交给我，让我带着弟妹们去沪东大食堂吃饭。

我们人多，但是饭票不够，为了让弟妹们能够吃饱吃好，我就只能让自己挨饿。但是每次看见他们吃得很香我感到很高兴，也就忘记了自己其实还在饿着。那时，我感觉生活在这样一个家庭很幸福。我目睹父母为了我和弟妹们不辞辛苦每日操劳，小小年纪便立志要好好学习不辜负父母的辛苦养育，希望快些长大好报答父母的恩情。特别是在三年饥荒的时候，我记得特别清楚，那会儿家里的粮食不够吃，每个月向街道居委会申请粮食补助。爸妈因为是干活的，所以都能吃饱，我们小孩就不一样了，都是定量的。

我记得那会儿一斤粮食能换三斤红薯，我想着兄弟姐妹那么多，所以就把米换成了红薯，但是分下去也还是不够，所以每次我就把自己的那份分给弟弟妹妹，自己虽然也挺饿，但是我一想到自己是家里的老大，就得让弟弟妹妹们吃饱。那会儿感觉自己还是挺好的，是个称职的哥哥，弟弟妹妹都很喜欢我。

弟弟妹妹对我的印象都非常好，都比较听话。弟妹里面我最疼的是二妹，但父母偏偏就把她给送到了别人家。那家主人一个人过日子，而且是盲人。爸妈想让这家人把二妹养大了，二妹以后还能照顾人家，结果他老是掉到河里，二妹年龄小不会照顾他，就被送了回来。家里的日子依然不好过，那会儿我合计着读完初中就去当个工人，去技校学门技术之后到船厂打工，这样也能够给家里减少一点负担。

说起小时候，我也是非常调皮捣蛋的。男孩子嘛，特别皮，经常逮住个蛇啊、虫子啊拿来玩，玩够了就把它们弄死放在课桌里，这些我的同学都知道。但是在西沟小学上学的时候，我对待学习还是很认真的，因为我自己也知道，上学在当时是非常难得的机会，我也十分珍惜，所以自己的学习成绩也是可以的。我人生的转折点就是在初二的时候，那时我读的是东沟中学，跟着大家在一块玩，凑热闹和大家一起在黑板报上签名表决心。后来才知道那是报名参军的决心书。

我想应该是教导处接收到了要在初中毕业生当中挑选飞行员的通知。那会儿我们正好是初二，马上升初三了，也正好赶上了这个阶段，机遇就这样摆到了眼前。一个星期之后就去面试和体检，我都合格了。这其实我也是意想不到的，稀里糊涂签了个名，然后一系列的初检、复检以及一些智力、体能上的考核我也都通过了，随后整个暑假就是在政审，我也没有放在心上。

9月1日东沟中学开学，我的通知书直接发到了学校，一下子全校都知道了，因为全校乃至全浦东就出了我这么一个飞行员，学校也很高兴。对于他们来说，培养出了一个飞行员是特别值得骄傲的，我就这样被作为典型一直被表扬。后来到了上海市滑翔俱乐部，除了要在上海市宝山中学读初三的课程以外，我还得兼顾俱乐部三级运动员的业务。包括我在内的114个学生都是这样子的，两个初中班，一个高中班，大家一边学习文化一边学习飞行的理论。

可能是从小好动，比较喜欢琢磨的性格帮助了我，我对待飞行的理论知识非常认真，特别是在看别人飞的时候，我就喜欢追着教官问问题，教官也特别热心地教我处置一些空中的情况。我初三的时候加入了共青团，因为我特别乐于助人，包括一些很脏很累的活我都二话不说上手就干。对于一些比较危险的活，大家都不敢上，我一点都不犹豫，撸起袖子就带头去了，随后大家也就跟在我后面一起干，我想也就是这种“敢第一个吃螃蟹”的性子让我在第一次试飞的时候能够成功亮相。

第一次试飞的时候，其实大家都很想去试试，但是一想飞那么高，大家都比较心虚，毕竟都没人试过，生怕出点什么意外，小命说不定就搭上去了。我跟他们就不一样了，我特别喜欢尝试新鲜的东西，那会儿还是解放5型滑翔机，特别简陋，说白了就是安全系数不高。滑翔机外面没有蒙布，坐在上面就跟骑了个棍子一样，然后把保险带绑上，机翼就在两边，滑翔机下面有个挂钩，前面有个牵引车拉着滑翔机加速，等到滑翔机慢慢飞起来了，感觉差不多了，自己就用手把挂钩一拉，底下的牵引绳的套环一脱掉，滑翔机就飞出去了。因为没有发动机，所以滑翔机全靠空气来保持滑翔姿态。

在天上感觉特别好，当时心情都有点忘乎所以了，教官就在后面不时提醒我注意看前面。至今第一次的整个滑翔过程我依然记忆犹新，那是我逐梦蓝天的开始。那次飞行非常顺利，我的梦也是从此开始的，到后面的时候，我在不断地飞行中快速提高，滑翔的技能也是越来越熟练。

当时在俱乐部上学训练，虽然对家里的日子没有多大改善，但是比较值得高兴的就是我能够吃得饱了。那会儿初中学生定粮是28斤，但是给我的定粮是45斤，跟干活的工人是一个标准。另外就是医疗条件特别好，学校里有医务室，对我们的身体健康十分重视，因为上面有交代，不能让我们飞行员生病。那会儿我们也比较年轻，身体很健康，抵抗力好，基本上不会生病，所以我们体会不到这种特别的关照。

随着训练次数的增多，我对于滑翔机特别熟练了。当时一共有三阶运动员的标准，我全都达到了优秀，成了一名三级滑翔运动员。说实话，我特别享受在空中飞翔的这个过程，每次飞翔都有不一样的体验，我也更加坚定了要当飞行员的决心。

滑翔俱乐部觉得我们在滑翔上有更多的提升空间，就想把我们几个送去安阳高级滑翔俱乐部训练，以后可以回来当教员。可是他们不知道，我们这些人都是已经被空军选好备案的，当时宝山中学和上海滑翔俱乐部只是承担了培训的任务，至于想把我们留下来，也只是他们一厢情愿罢了。

等到毕业的时候，我们114个人里面，有70多个人复查合格了，拿到了入伍通知书，但是没有我的，当时我也很纳闷。后来空军查人的时候发现我的入伍通知书被滑翔俱乐部给扣了，给出的理由就是忘记给我了。其实我当然知道，他们肯定是故意不给我的，只是被空军发现了之后临时找了个借口，最后不得不把通知书交给我，把我交给空军。

按照入伍通知书的要求，我穿着背心和裤衩来到了上海延安饭店。到了门口，我爸妈被挡在了门外，就只让我一个人进去。在饭店里面是封闭式的管理，怕我们出去乱跑发生安全问题，然后第二天我们就乘火车被送往长春。

我到达长春空军第一预备学校的那一天，是我这辈子一直铭记的：1965年7月14日，那是我入伍的日子，就像第一次滑翔一样无法忘记。

多年以后，我依旧记得那个夏天的午后，我一个人遥望湛蓝的天空，梦想着飞机掠过云端。

第二节　几度曲折过难关

陌生的城市，陌生的人，陌生的规则。这个时候摆在我眼前的路完全不像还在中学时想的那样，而是转变了身份，走上了一条崭新的路。我们到预校第一件事就是排队，主要是为了编班，那时没有别的编班方法，就按个头大小一路排下去，一拨一拨地划拉开，我就这样被编到了四大队二十一中队一班，区队长带着我们三个班就去了宿舍楼，我们穿着背心裤衩就走到宿舍里去了。

宿舍里面八个长铺，一人一个按大小个都排好了，衣服啊、被子啊、洗漱用品什么的都已经摆好了，整整齐齐，我觉得负责接待的人没少下功夫。区队长跟我们说，你们床上的东西都是你们的，可以换衣服了。

我迫不及待地换上了空军的军装。米黄色的衣服配上蓝色的裤子，穿上了之后我发现我们是四个兜，因为我们是按照干部来培养的，所以就按照干部的标准发军装。

记得那时大家都特别激动，穿上军装都往照相馆跑，拍了照就把照片寄给家人和好朋友。好朋友都特别羡慕，都想来当兵，可是那会儿已经没有这个机遇了。他们初中毕业之后都没去上高中，去了沪东造船厂的技校学习去了，就我一个人提了干，在部队里当飞行教官。有一次回去看望老师，他让我在教室后面听课，不停地跟学生介绍我是他培养出来的学生。我想在那个年代，一个老师能够带出一个飞行员，很不容易。

我们在预校迎来了空军的体检，因为在学校我们有两个任务，其中一个就是检查学员是否合格。这个合格不仅是体检合格，这只是基础。空军专门成立了检查组，身体检查合格之后，还有智力测验。我们进了一个教室，一人一个位置，拿着一本书，教官在黑板上写上几个数字，告诉我们页码，让我们在5 ~ 7秒内找到所有的这些数字。刚拿到那本书我一看，就跟密电码似的，都是些打乱了的数字，10秒钟之内要按他的要求找到相应数字，然后把它勾出来。还有就是找图案，把他要求的图案特征在书里面全部找出来，找不对的都不算。这是在练反应能力，同时也能把色盲找出来，因为那些花花绿绿的图案，对于色盲来说，基本啥都分不清，自然就会被淘汰。

来学校之前是114个人，淘汰了百分之三十，到了学校，两轮检查下来，又有百分之三十被淘汰。飞行员要求是非常严格的，任何环节都不能打马虎眼。

到了学校之后再被淘汰，选择还是比较多的。如果想上学，就给你安排上高中，这是国家规定的。不想上学的就安排当工人，想在哪个厂干什么事，都能自己报。第三个就是如果想继续当兵，就去我们预校对面的九校，九校是机务大队，搞飞机维护、干机务，所以我们这批淘汰的兵，上海的都到九校去学机务了，那个时候当兵很热门，大家基本上都不愿意脱下好不容易穿上的军装，哪怕不能当飞行员，也甘愿在地面上为飞行做保障。第一个任务就是这样完成了。

第二个任务就是体育锻炼，就是让拉单杠，看能拉多少个，跑100米、400米、500米和2000米，看都要用多少时间，能不能达到标准。体能训练的时候，就穿个原来部队的黄色短裤，光着膀子围着学校旁边那个南湖跑，长跑、短跑都有，就是要把身体给锻炼好。

除了跑步之外，打篮球也是一项训练。我年轻力壮，打篮球特别猛，老摔跤，搞一些小动作啥的，虽然有时候摔得挺狠，但是从来不当回事。后来我们中队长说我能吃苦，不怕疼，希望以后当了飞行员也能保持这样的精神。

从体检、智力测验到体能锻炼，学校就一直在观察我们，他们的目的就是要看这个人适不适合飞行。这些科目只要有一项不合格，基本上都是要淘汰的，所以我们每个人都特别认真。

在预校没接触到什么飞行，体检合格之后，我们就被下放到陆军锻炼。大家都知道，空军就是在陆军的基础上建立的，所以我们都称陆军是老大哥。

我被分到了一军的英模连队所在的营，英模连队是六连，我被分到了一连，驻地就在河南汤阴的一个山沟沟里面，单位也好记，都是“一”：一军一师一团一营一连。那个时候我印象很深的还有一军军长是“汤拐子”，腿是瘸的。

陆军特别欢迎我们，“汤拐子”也很高兴，说我们都上过中学，有文化，他手底下那些兵都来自农村，没上过学，而且干部带兵也得有文化，我们这些人体能好，反应快，特别合他的胃口，他就合计着跟空军商量一下，如果我们这批人里面有淘汰的就交给他，他急需用，但是空军没有答应，因为我们过去主要是当兵锻炼的。

人家陆军看到我们都穿四个口袋的衣服，就知道我们都是干部的苗子。但是我们完全是按照战士的要求标准去锻炼，什么紧急集合、练刺杀、徒步走、上铁丝网、搞神枪手这样的科目，我们一个都没落下。

我个人觉得最好玩、最感兴趣的就是打射击和练刺杀，特别有当兵的味道，所以我也特别用心。我们在陆军，一个班就我一个学员，班长叫我带兵，我拒绝了，因为我来这里是当兵锻炼的，战士干啥我就干啥，不能喧宾夺主。

也许是占了有文化的便宜，打射击我比一般的战士学得更快，虽然他们学得比我早。后面一段时间，我都开始充当教练员了，教他们怎么装定表尺，怎么计算偏差量，怎么选好射击角度，后来大家的射击水平都提高了。

练刺杀我也有自己的体会，就是手腕用劲，若是用背上的劲，练的效果不太好。所以我再一次充当小教练，教他们怎么用劲，这样我跟大家的关系越来越好，大家很多事情都会听我的，比如说带着大家做好事。我们驻地不远有个煤矿，周六周日我就带着班里的战士去捡煤块，一装就是一挎包，然后往伙房后面烧煤的地方一倒，也算是给炊事班减轻了压力，他们也挺开心的。因为我们连队的伙食费一天就是一毛二，要是买煤的话，这个钱就没有了，所以我们每次捡了煤回来，就减少了一笔开支，生活条件就能改善一点，大家还喜欢搞个比赛，比比谁捡得多。

当时河南人不吃鱼，但是我们这些从上海来的南方兵就喜欢到河里去抓鱼，就纯靠手去摸，抓上来往回拉改善一下伙食。到后来，他们不吃鱼的人尝了几口，说这鱼味道还可以，后来他们也去抓鱼。

因为我们住在山沟沟里，经常会听见狼嚎，特别瘆人。我们没见过狼，都有些害怕，狼喜欢偷抢我们的猪，也会弄坏我们的菜地，所以班长和连长让我们晚上站岗的时候要看好猪和菜地。连队一天一毛二的伙食费，猪肉和菜都得靠自己，所以我们格外地小心。

我心里虽然害怕，但是拿着枪心里还是比较踏实的，刺刀往上面一装，心想着只要狼一来，我一刺刀就干掉它。当兵的嘛，可不能被这些畜生给吓怕了。我的胆量和机灵劲也是从那会儿练出来的，这两个品质对于飞行员来说是十分重要的。

回顾自己在陆军锻炼的日子，特别充实，不仅学到了很多陆军的军事技术，也锻炼了一不怕苦二不怕死的战斗精神。在陆军锻炼的第三个月我就写了入党申请书，连长、指导员在我快离开的时候跟我谈话，说在陆军不能发展我成为党员，但是会把我的表现反馈给空军，让空军好好考虑我入党的事情。

其实我就是带着入党的目标来陆军锻炼的，因为我初三的时候就是团员了，所以对于入党也是比较重视的，这也算是自己设定的一个小目标吧。

我们回去的时候“文化大革命”快开始了，学校告诫我们，去参加那些事就脱离了部队的管理，飞行员就当不成了，不能做傻事。同时，为了让我们能够更安静地学习，就让我们统一第一批转航校。

航空预校没有飞机，都是学理论，我们这批人理论都学得差不多了。现在航空预校已经改名成中国人民解放军航空学校，模拟飞行也有，比较正规。

1962年的时候，就是我们前一批飞行员因为我们国家和苏联关系不好，人家卡我们，油啊、教材啊也不给我们，那些老飞行员也没办法，就停飞改行了。到了我们1965年这批，算是青黄不接的情况了，对我们的要求并不高，一些人写一张大字报就能去航校了。那时“文化大革命”还没开始，我也写了个提意见的大字报，然后想着赶紧去航校，只要尽快学好飞行就行。那些停飞之后留下来当区队长的老学员告诉我们只要我们学得好、飞得好，提干就快。

人，只有像鹰一样，才能浴火重生！

后来“文化大革命”大串联，我们飞行学院也参加了，很多人都出去了，唯独我们这批一直都在学飞行，没有受到什么影响，也根本不想去参加，因为我们的目标是广阔的蓝天……

第三节　飞云之下壮志云霄

飞行是勇敢者的游戏。

天空是雄鹰的舞台，雏鹰要在悬崖绝壁上学会飞翔。我们需要在强化自身政治理论和基础知识的本领后才能搏击长空，但是从地上到天上的路并不容易，这一路给我带来更多的是磨砺，就像雏鹰的双翼需要更加丰满一点才能应对天空中的一切。

我们到了二航校之后，立刻开始了一个月的政治野营。那是1966年9月底，我们一直在农村待到10月底，在贫下中农那里体验生活、帮老乡割麦子。

回到学校后，我们就被送到了哈尔滨双城县初教六团。我们接触的是初教—6飞机，这是我们国家自己研制生产出来的新机种，摆脱了苏联卡我们脖子的境遇。比起初教—5，它的轮子变成了前三点，就是前面一个轮子，两侧机翼是两个轮子，成前三角，这样的飞机稳定性比初教—5的后三点要好，不容易在地面打转。

穿上军装一年多，我终于接触到了飞机，心情非常激动。

我们这些人在双城学习特别认真。学了一个月的理论，在飞机上实习操练了半个月后，我们就上飞机了。

因为我们接触的都是战斗机训练科目，那些歼击机部队的教员动作都特别猛，拉起来之后，拉筋斗，翻滚倒转，打盘旋、螺旋，教员把这些战术科目都给我们演示了一遍。为什么要这么猛，因为这就是歼击机部队对飞行员的要求，在战场上就是这样惊心动魄。

学校当时对我们的要求也非常严格，因为我们这批属于青黄不接的一批，所以预校精挑细选，把反应快的、动作协调的、学习能力强的都送给了二航校。像二航校这种老航校，之前是轰炸机的部队，一些飞机还是苏联的，有些教员也都年纪大了，一来二去合计下来，就成就了我们这批人。不过航空预校和二航校的关系非常好，因为当时航空预校和二航校的校长以前分别是二航校校长和副校长，也算是走了个内部关系吧，预校就把好的苗子都往二航校送。

我们也没有辜负他们的期望，三个月就完成了初教—6的训练任务，中央下来考核，我们都合格了。但这也不代表我们就可以放到部队里去了，因为航校有规定，必须训练好初级教练机和高级教练机才能转到部队去，这也是对部队的战斗力负责，总不能把半桶水送到部队里去吧，出了问题就真不好说了。

说起这三个月的训练，看似学习效率很高，其中的苦累也只有我们自己知道。我的教官特别严厉，他是苏联带出来的，来自黑龙江佳木斯，我练飞的时候只要动作不好，他一个动舵，操作杆一打，我的腿就被打肿了。他不高兴的时候，就让我背着降落伞跑400米，伞不仅仅是一个负重的问题，它还特别的松，我一跑它就晃，边跑边打屁股，教官就在一旁抽烟。我们挨了罚还得去讨好他，毕竟我们还要从他们身上学东西。受了罚长记性了，以后就会好好练，变得越来越成熟。

我们飞行当中会有一些强度动作，虽然穿着抗压服，但是也要求我们自身的耐压力过硬。所以这方面的训练不少，有些人悬梯坐久了会头晕目眩，我们平时就利用固定或者滚动的悬梯进行针对性的训练，逐渐让自己的身体适应空中的生活。还有打篮球传球，这是练反应能力的，地面上的刻苦训练都是为了空中更好地发挥打好基础。很庆幸，我们这些人没有丢脸，校长也很高兴，都有点不想放我们走了。

我是第一个放单飞的，因为教员对我最信任，他说我是教员的苗子。教员是要在后舱飞的，就跟之前我们训练一样，因为教员要带学员，所以我也到后舱体验了一下。在后面的训练中，我和其他同学就是前后舱来回换，轮流体验教员在后面的操作动作。在这些同学当中，我是最好的一个。

1967年3月我就毕业了，我的入党申请也被批准通过，我在双城入了党。军训部要求把我们这批学员立马送到部队去，经过层层淘汰筛选，最后只剩我们20个人毕业，除了两个被留在二航校以外，其他18个人在教导员的带领下被送到了四川泸州政治野营，说是期限半年。

我们坐火车去了四川泸州，我们住的地方就是3211英雄钻井队的大院，也没让干别的，天天就是背砖、水泥、料，还要平坟，因为从营区到前面是泸州机场，原来是日军遗留下来的废旧机场，我们用酒坛子装着骨头拉到边上埋了，把坟地全部去掉，改造成宿舍区、营房，一天到晚就干这些。

除此之外，泸州靠近江边有个大坝，大概三层楼高，我们还得把船上的料、水泥、砖等东西从下往上背，一袋水泥得有50斤，船上几吨重的建筑材料就靠我们十几个人全部卸下来。

我们吃住在机场，每天干完活身上的水泥在工作服上、脖子上跟汗水混一起都结成块，我们也只是扒拉一下，洗洗就睡，实在是太累了，根本没有精力去想别的事情。

当时我们也不知道留在学校的两个人怎么样了，因为教员告诉我们，要慎重考虑自己以后的路，千万不要留下来当教员，因为教员在学校没啥位置，还得一直带学员，带到老了为止，然后再找人来当教员，重复相同的事情。但是到了部队就不一样了，飞得好就能很快提中队长、大队长、团长。虽说教员让我们自己考虑好，但是经他们这么一说，学员们都不想留下来当教员了。

有个哥们飞得挺好，因为怕留下来当教员，他便把飞机对着铁制的那种小红旗开过去，把螺旋桨给打坏了。之后他心想，犯事了，闯祸了，学校肯定就不会留他，结果事与愿违，我们去了泸州，他和另外一个学员被留下来了。

六个月就在干活中过去了，但是学校一直没有把我们叫回去的动静，我们就跟教导员提意见，教导员一看大家都按捺不住了，给学校打了个长途电话，学校说两个机场都要修好，二航校才能转校，没有机场转不了，意思就是让我们继续修机场。

我们也没办法，军人就是要服从命令。但是正值“文化大革命”，不少学生想要得到解放军的支持，就不停地往我们营区扔传单，教导员不准我们参与。直到武斗闹得最凶那会儿，学校怕我们挨打出事，所以急着让我们赶去夹江，也就是现在二航校的校址，当时有高炮旅一个团在里面驻扎着，旅被撤了以后我们也就过去了，干的活还是一样：背料，修机场。

那时真的是特别累，又在夹江机场干了四个月，前前后后十来个月。在一次吃饭的时候，我们二航校的任副校长也在那儿，我们就跟他反映了政治野营超过期限的问题，之后他往上反映了。

本以为可以继续飞歼击机和战斗机的，结果学校反馈下来，说二航校直升机飞行团正好缺学员，就拍板让我们去飞直升机。虽然我们心里是比较抵触的，有点落差，但必须得服从，而且能飞总比天天在那修机场好，所以我们就选择了去飞直升机。

我们坐车从夹江到了新津县，那是1968年2月份，我们到了机场看到了直—5，那个时候直—5在国内还算比较好的，那里的直—5就属于正常的机型，可以当作高级教练机了。

憋了太久了，我们将近一年都在修机场，没有碰过飞机，所以我们对飞行都是充满了渴望。我们的教员也特别放得开，因为毕竟我们是老学员了，所以前前后后也就用了三个月就完成了改装飞行，我们也从教员身上学到了很多经验。

毕业的那会儿也没有什么衔，就是红帽徽、红领章。飞出来了以后就面临去向的问题：一个是去北京的一个飞行团，名额特别少，一个是留下来当教员，最后还有一个选项就是去部队。那个时候我们被教员灌输的思想根深蒂固，都不愿意留下来当教员，所以都说要去部队。但是航校肯定是不愿意都放去部队的，怎么选人留下来当教员呢？也算是比较戏剧性。那时每天都要给宿舍的毛主席像早请示晚汇报，有两个学员汇报的时候讲的话特别漂亮，一下子被学校领导给相中了，他们两人就被留下来了。

但是我听说留在夹江的两个同学中有一个比较可惜，因为对直升机的性能掌握不好，带下一批学员的时候，出了问题，飞机掉在地上，他和他带的那个学员都牺牲了。另外一个是夜间训练的时候，降落的地方有障碍物他们没看见，结果飞机给弄坏了，人没事。

我们这些提干的被定为23级干部，每个月有52元钱，那会儿52元钱是很值钱的，因为那时工资36块钱就万岁了，5分钱就能买根冰棍或者吃一顿饭，2分钱就能买两三斤的西红柿。

上面的领导说我们领了钱，要发扬艰苦朴素的生活作风，不要乱花，不要买手表，以后会发。但是我转头就买了块上海牌的手表，也算是给自己这些年来的一次纪念吧！

飞翔的梦，干部的梦——实现了，我成了时代的佼佼者，飞行之星，每个人都会是最美的风景，而往后的路，将更具挑战。

第四节　雏鹰羽翼渐丰

单飞，是每一名飞行学员的梦想，是飞行学员迈向战斗员的关键一步。独立驾驶战鹰，一起傲视苍穹，是每一只雏鹰羽翼渐丰的见证。

毕业了，告别了教练机时代，我觉得自己的蓝天更加广阔，没有经历过飞行学员这一步的人，很少能够明白我当时对飞翔的渴望。飞翔对于飞行员来说，已经是一种习惯，就像是行人习惯了走路、司机习惯了驾驶、船夫习惯了划桨一般。

毕业之后，我就去了河南新乡的独立三团，它隶属于武汉空军，也就是现在的陆航独立大队，只是当时没有陆航这个称呼。虽然在称呼上没有现在这么制式，训练也没有如今这么系统化，但是对于当时的条件来说，我们也算是正规军了，至少我们能飞起来，能执行空中任务，能够完成自己的使命和任务。

团里的老飞行员特别多，我的到来，一下子就给团里增加了不少朝气和活力。当时团里比较重视对年轻飞行员的培养，就像梁启超在《少年中国说》里讲的一样，只有把年轻人培养强了，整个队伍才会变得强大。飞行也讲究传承，把飞行技能水平一届届往下传，把传统延续好。这对于我们这些年轻人来说是很好的机遇，同样也是一种挑战。因为人一旦受到重视，就代表着要吃更多的苦，受更多的罪，学更多的东西，才能有更大的进步，我相信这样的规律不管是放在什么时期都是一样的。人的成功和进步就得依靠不断的努力才能获得，所以后面的学习我都十分刻苦。我比较会看形势，所以刚去那会儿就一直告诉自己不要年轻气盛，因为老飞行员都是过来人，他们明白的东西更多，年轻虽然是资本，但更应该是奋斗的资本，所以一定要低调。当然，这也是在学校的时候，教员一直告诉我们的一个道理。而我当时也悟出了一个道理，那就是做事先做人，想要跟老飞行员学习更多的经验，自己首先就得谦虚一点，搞好团结，让人家老飞行员心里觉得舒坦了，就乐于教你，自己才能学到更多的经验，少犯错误，少走弯路。

当时飞的还是直—5，因为当时的直升机上不配领航员，所以我要是出去的话，就必须先学会领航。说到领航，可能讲得太专业了一点，不过顾名思义就是领着航向，不要产生偏差，就像是现在车上的GPS导航一样，告诉你到什么地方是直行还是转弯这样的，确保你能够准确到达目的地。

直升机的领航是至关重要的。因为我们是在飞行，不像在路上开车，开车的时候，如果中途找不到地方了，司机还能够停下车来问一下当地的老乡，然后接着往前开。而我们在飞行的过程中总不能中途找个地方降落一下，问一下过路的人这是什么地方，告诉他我要去哪儿，让他给我指个方向，然后再重新起飞往他指的那个方向飞过去。因为飞行降落对于场地就有很多的限制，其次是你这突然降下来一个大家伙，容易引起老百姓的骚乱和围观，万一再遇到个什么突发情况，说不定都没法起飞了。

如果我想成为机长，就必须学会这些本领。中学时候学的那些计算、平面几何之类的知识都得重新捡起来再学再用，自己都不知道还能把这些知识碎片捡起来多少，能不能拼成一个完整的知识体系。而且这个偏差计算之类的知识，它需要结合很多的要素，比如，飞行距离、偏差距离、飞行速度、起飞时间以及偏差的几何角度，等等，听起来就感觉特别复杂，更别说还要自己实际操作计算了。当时的技术不成熟，所有的数据都得靠自己去纠正，这对于我来说，必须认真学，不敢有任何的马虎大意，因为一旦马虎大意，能不能当上机长先不说，严重的还会导致飞行路线偏航，飞不到目的地。

当然，这些很复杂的操作肯定是在飞行之前就已经准备好了，因为飞机的速度很快，根本不会给你那么多时间去计算偏差。在飞机上就是一个不断校准的过程，比如，起飞之后就看距离，一看偏了5公里，再去看时间到没到，而后就看自己飞行的公里数，从表盘读取当时的飞行速度，知道自己偏了的角度数之后，就通过自主操作进行修正，确保自己能够到达预定点。

当然还有一个难点，就是座舱盖住之后，只能用无线电上面的点进行测算，这个时候就得通过广播电台频段计算我的飞机点。比如，北京广播电台、天津广播电台，它们的波段过来之后，就会有一个交叉点，这个交叉点就是我当前飞机所在的点位。

这就是在实际的飞行过程中的考核，当飞到自己认为是预定点位的地方之后就开罩，这时候教官会问是不是这个地方，如果你说是，结果也是正确的，那就可以继续往前走，如果你自己都不确定是不是，或者发现确实不是这个点，这时候你也已经降落了，不可能让你重新再来一次，这就没办法了，只能给你判定不合格。

领航是需要勤学苦练的，同时还要考验自己的临机纠正和决断能力。领航教官会在实践中考评我们，他要求也很高，没有任何情面可讲，只要错两次，教官就会否定你的领航能力，那么你跟机长就无缘，只能老老实实到副驾驶待着去，副驾驶在实际操作过程中就是保持好飞行的稳定，让机长在右边看地图，因为领航是由机长负责的。

所幸的是自己的学习接受能力比较快，我花了半年的时间基本掌握了领航的要领，飞行教官、机长、领航员的资格证都下来了。

到了1969年七八月份的时候，武汉遭受水灾，受涝面积有300多万公顷，倒了60多万间房，当时我在空中看到的就是水已经漫过了堤坝，整个地面上到处都是水。那是我第一次单独去执行任务，心里很激动，有一个机长陪着我去，他坐在右边，我坐在左边，这也算是对我进行一次实际的考察。从新乡飞到武汉机场花了三个小时，主要是听当地的指挥安排进行飞行任务。我们挑了个好天气飞过去执行任务，但是对于受灾的老百姓来说，天气无论是好是坏，水灾都影响到了他们的正常生活。他们的家被洪水冲没了，有不少的人民群众失踪受伤。武汉处于长江中下游平原，被长江和汉江分割成了武昌、汉口和汉阳三镇，这样一个地理位置，风调雨顺还好，大家能够享江水带来的福祉，可一旦发了大水，对于武汉人民来说就是一场大灾难。1931年和1954年，武汉就发了两次世纪大洪水，1931年的水位是28.28米，1954年的水位是29.79米。

水灾面前，人们变得更坚强、更团结。大洪水过后人们很快就投入了生产，因为缺粮食，城里所有的土地都被种上蔬菜和玉米，每家都养起了鸡鸭等家禽。那年留给我最深的印象就是市场上多了好多鱼，活鱼死鱼全是灾民从水里打捞上来的。为了支援他们，政府鼓励我们买鱼，买一斤鱼就发油票，现在知道这些的人可能比较少了，但是我相信很多人都会记得1998年的那次大洪灾，水位是29.43米，这些数字背后都是惊心动魄的故事。

当时我执行的任务也比较简单，但是我的心情非常沉重，我主要就是负责运送人员，当天就完成任务回到新乡了。

虽然任务很简单，但是执行起来我是格外的认真，因为出任务代表的不仅仅是我个人，而是整个单位的荣誉。当然，我是同批到部队的16个人里面第一个“单飞”的，就是第一个单独执行任务的，也算是让领导看到了我的价值，把我作为苗子着重培养，这一点我确实非常感恩组织对我的信任和重视。刚执行完任务过了两个月，组织上给我下的命令是让我担任二大队七中队的副中队长。到了年底我20岁，又把我调整成了二大队七中队的中队长。

我爱祖国的蓝天
晴空万里阳光灿烂
白云为我铺大道
东风送我飞向前
金色的朝霞在我身边飞舞
脚下是一片锦绣河山
……

自己工作闲暇，嘴里最熟悉也最愿意哼唱的就是这首《我爱祖国的蓝天》，而每次唱起这首歌，一种自豪感又会油然而生。飞行员的追求，并不是职务上的调整，这是一个加油站，是人生价值的体现，我需要的是一步一个脚印、一步一个台阶地往更有价值的人生不断迈进。

第五节　学成归来再转型

很多时候，机遇不是天上掉下来的，但是并不是每个人都有机会抓住这个机遇，因为飞行员不同其他，需要的是娴熟的飞行技能。

“9·13”事件发生后，当时的空军司令员被调查，空军以白副参谋长为首的五人领导小组主持整个空军日常工作，整个34师都进行了“掺沙子”和“大换血”。当时苏联用5架米—8直升机抵偿中国的债权。为了改装飞好米—8直升机，苏联说需要我们派10个飞行员和一些机务工作人员去苏联学习。

按道理，这个任务本该是34师承担的，但是受到“9·13”事件的影响，空军决定让我们独三团派人去参加。原因也很直接，一是我们独三团未涉及“9·13”事件，二是我们和北京沙河机场的独立团飞的是同一机型，我们的老飞行员也不少，所以组织就把这个任务交给了我们。

当时我才被任命为副中队长不到两个月，正在操场上打篮球，我们廖团长派人把我叫到团司令部告诉我改装的事情，说是要到苏联去改飞米—8直升机，那时候我是真的没想过我还能够去苏联学习，自己心里特别高兴。

后来我了解到，那时苏联要求选派去的飞行员飞行时间最少要1000个小时，可我那个时候飞行时间才300多小时，离要求的时间一半都没有达到。领导却告诉我，主要是因为我年轻，学得快，飞得也好，所以团里有意识地把我拎出来重点培养。而且现在我们飞行员队伍里年纪偏大的到后面都慢慢地要退下来，必须得好好培养年轻同志，我就有幸成了被选派到苏联的10个人中的一员。当然，这10个人里面，还有两个跟我一样是年轻的同志，我们的团长和副政委也作为其中一员一起去苏联。

司令员就叮嘱我们一定要为国争光，到了苏联，我们不仅仅代表的是中国的飞行员，更代表我们整个中国。

从河南新乡先到北京，我们在出发之前，当时的空军白副参谋长带着五个人的空军领导小组专门给我们做了特别精良的外套，还准备了圆珠笔、清凉油、酒、毛主席像章这些东西，让我们带到苏联去。

临走前，上级还告诫我们现在中苏关系比较紧张，到了苏联以后会有特务跟着我们，要我们时刻谨慎。领导跟我们说的每一个注意事项我们都牢记于心。

我们从北京出发，先到达驻莫斯科大使馆，大使给我们交代了注意事项之后再坐火车到克里米狄克。火车上我们开始和苏联人有了一些接触，比如，有个造汽车厂的苏联总工程师坐在我们边上，我们很客气地给了他一些酒喝，他虽然跟我们没啥交流，但是在中间站停靠的时候，他买了两瓶苏联的葡萄酒算是还了个人情给我们，那个时候我就想，苏联人民其实对我们中国人还是很友好。

在苏联航校，我们和苏联飞行员基本不待在一块，单独安排教员和授课。那个时候出早操也很新奇，苏联人的早操就是跟阅兵一样，踏着音乐走一遍队列就结束了。我们就不一样了，气势上就很足，军姿挺拔，正步、踢步、跑步、队列、左转、右转这些训练都有。这是我们国家和苏联的模式不一样导致的差异。

先是上一个月的理论课，由不同的苏联老师给我们上课。我们去的这些人特别认真，因为我们代表的是中国，而且我们回去还得带新飞行员，所以我们上课通过翻译问得多，也记得多，晚上还互相探讨，整理笔记，基本上都把理论给吃透了，大家掌握得都比较快。

理论课结束后我们就有考试，5分要拿到4分才算及格。我当时理论课也是占了年轻的便宜，学得快、记得快，所以考的都是4分以上。

理论课一过就是实际操作的飞行训练，那个时候苏联对我们还是比较警惕的，即使是上了飞机，一些地方也是用蒙布遮了起来，而且在天上飞的时候，虽然旁边有苏联教员，但是他只负责保证安全，多的什么都不教，靠我们自己摸索，在操作实践当中去悟。

别人都说“师父领进门，修行看个人”，我们当时的苏联“师父”在旁边就是双手一摆，双脚一搭，问我们飞了多久，一听说是1200个小时，就让我们飞几个架次就换人。对我们来说，天天这么枯燥地飞肯定是不行的，这样对不起组织的重托啊，没有学到改装米—8的真本事。后来我们就想了个办法，在餐厅把我们的酒、水果、香肠什么的一放，请苏联教官一起吃。吃好喝好就能交流好，把这些苏联教官被灌得迷糊了，就跟我们讲得多了。

别看苏联教官他们老喝那种高度数酒，我们65度的二锅头他们也很喜欢，临走前趁我们不注意，还偷摸着往大衣口袋里装两瓶。在人家的地盘上，又要跟人家学东西，我们就算知道了也只能默不作声，心里想着能学到东西比什么都好。

“吃人家嘴软，拿人家手短”这句话用在每个人身上基本上都是应验的，苏联人也不例外。慢慢地我们就从他们口里得到了一些知识，比如，在飞行的时候，如何用仪表的指针判断飞机是否在跑道的延长线上、从导航台上空高度如何看跑道、怎样纠正偏差，因为我们在部队的时候就已经飞过了，所以，他们基本上讲一遍我们就学会了，这是他们绝对没有想到的。

到后面我们就琢磨米—8和直—5的一些区别，慢慢适应这个机型，比如，米—8有自动驾驶仪，而直—5没有，所以我也在学这个自动驾驶仪的操作。但是自动驾驶仪有个需要注意的地方就是一旦断开了，它振动的操作量也比原来的直—5要大，所以必须掌握精准度才能使飞机稳定，很幸运的是这个我也学得非常好。

在飞行中，我们和教官也存在一些争议。我们学的理论课里讲的，按照直升机的特点，有一些动作非常难做，比如，正常大飞机要滑跑着陆，速度为什么要那么大，小点为什么不行，教官就跟我们讲，按照原来直—5来讲，它不是滑跑落地的，是垂直降落的，现在这个米—8飞机就不一样。同时他也说，发动机万一失火，停车一个，还有一台发动机，因为我们的飞机是双发，飞机的升力、动力，产生的扭矩不一样，比如，两台发动机，左边发动机是好的，右边停车了，左边发动机要带动右边发动机的功能，它的功率使用很大，所以在操作动作方面一定要谨慎一点，而且最好要带滑跑降落，这样安全性提高了，飞机也稳定，速度越大越稳，速度一小，飞机在抖动过程当中不是很稳。

其次是空中坡度问题，按照我们空中转弯的坡度来讲，原来直—5坡度不能大于15度，但是这架飞机可以做到最大45度坡度，直接增加了30度。按照飞机直升机的特点来讲，那么大的坡度有危险性。现在直升机变了，都可以翻跟斗了，跟歼击机一样，可以拉筋斗，这是后来进行的改进。当时我们可不行，大于45度坡度飞机要翻下来的，但我飞到最大的坡度是将近50度。教官跟我说，虽然最大是45度的坡度，但是理论数据是可以飞到50度的，然后他还给我做了示范，我一看还行，立马就学会了。他们原来也没有想到可以做到那么大的坡度，后来我带的飞行员，45度坡都可以做好。

当时我们在生活上挺不适应的。因为他们吃的面包都是黑面包，按照我们现在的营养学知识来讲，黑面包营养是很好的，但是我们喜欢吃米饭、面食。吃他们的那种面包，还得涂黄油，我们不习惯。其次是他们的红烧肉，我们也是非常不习惯的。但是那个时候也没办法，我们就吃一般的面包，什么都不蘸，喝一点汤、吃两块肉就这样对付一顿过去了。我们对吃喝从不讲条件，我们是带着祖国的重托来学习的，只有能力素质提高了才是我们的最终目标。

当然，除了学习，我们还有一个任务，就是去了解苏联的民情，掌握他们军队的一些情况，及时向上级汇报，同样大使馆也告诉我们面对苏联人民的一些提问，我们该如何统一口径进行回答。

结束了半年的苏联学习生活后，我们先回到了莫斯科的大使馆，大使知道我们不习惯这里的生活，特地给我们准备了三鲜馅饺子，让我们找到了久违的家的感觉。随后我们看了国家乒乓球队的乒乓球表演，参观了大使馆的秘密会议地点。

我们这些飞行员是坐着民航飞机回到北京空军的招待所的，等待着苏联把飞机送来。两国商定由苏联人把飞机送到二连浩特，然后我们协调空军把地面车、导航车、塔台车等地面飞行保障开过去，把苏联来的人用火车送到北京的苏联大使馆。然后由我和战友在二连浩特检查验收，签完验收单就把送过来的飞机飞到北京的西郊机场。

苏联先送两架，再送三架，前前后后用了一个月的时间。这一个月的时间我们也比较充实，因为除了接飞机以外，还有开党小组会，整理笔记，方便日后的传帮带，最后还有空军五人领导小组给我们安排到北京的景点逛一逛，上级对我们十分的重视和关心。

那个时候34师的领导和空军的领导计划着，要把我们当中的部分人留在北京。团长和副政委带了两架飞机回河南新乡去，我们留在了北京。

我们原本不想留在北京，因为我们对老部队更熟悉，学到了东西肯定想着尽快和曾经朝夕相处的老战友们一起分享。当政委问我们的想法时，都表示想回老部队，但是政委明确跟我们讲，让我们留在北京是命令，必须执行，不然就得背处分，之后也未必能够回老部队。权衡之下，我们也只能留在了北京。

我们就这样留在了三十四师直升机二〇三团，我被分到了直升机米—8五中队，开始了我的教员生涯。我们这一批担任改装的教员既要教理论课，也要带飞行课。我们对学员的要求很高，并且带他们适应复杂气象。

我们的训练场地不仅仅是在北京，主要在南方各个机场转战，哪里天气恶劣，我们就往哪里去。像江苏盐城机场，还有江湾机场、杭州机场，这些我们都去过。江南一带天气变化比较快，所以我们一直在转场。

这样做的目的很简单，就是把这批飞行员给带好，在各种气象条件下都能够安全着陆。我们确实属于比较另类的，人家飞行员一听说气象不行，都是皱眉头，但是我们却是喜不自胜，因为靠凭空想象复杂环境去辩论不如飞行员开着飞机在复杂气象条件下进行实地处理，实践才能出真知！

很多事情，就像船后的波纹，总要过后才觉得美丽。飞翔的过程亦是如此，需要“千锤百炼”才能出“亮的宝剑”，当你从泥泞走向平坦，新的大门又早已为你敞开。

第六节　火灾救援惊心动魄

人生价值的体现不是在于每天重复着同样的事情，而是在于关键时刻你能够不畏艰难，勇往直前（图3–3）。

1987年5月6日，黑龙江省大兴安岭地区的西林吉、图强、阿尔木和塔河4个林业局所属的几处林场同时起火，这是新中国成立以来最严重的一次特大森林火灾，震惊了国内外。火情就是命令！我们机组6人奉命驾驶飞机从北京经通辽、哈尔滨机场转到大兴安岭机场接受指挥部调遣。

■图 3–3　陈义红

那是我有生以来见过的最大的火灾，惊心动魄。

我们当时有三个任务，第一个就是投送救火力量，包括人和一切可能用到的工具。那个时候出动了一个军的兵力，既有部队的正规师，也有民兵的师，还有地方的消防力量和部队，后来看资料我才知道救火的总人数达到了5.88万。

那个时候我们带了一个星期的干粮，因为早就接到了通知，这是一场持久战，需要我们一直待命、飞行，所以我们都得做好在机上解决饮食问题的准备。但是这些干粮我们并没有吃，因为当我们看到被火灾围困得救后的群众饥肠辘辘的表情，我们实在是于心不忍，因为我们可是人民的子弟兵啊，我们一直都受到党的教诲，要时刻牢记为人民服务的根本宗旨。虽然我们带的干粮是要保证我们能有充足的体力执行后面的任务，说白了，我们也需要吃的来救援更多的像他们一样的老百姓，但是那个时候我们真的不去在乎那些了，把干粮都给了老百姓。我们整个机组都支持我这个决定，人心都是肉长的，这些群众都是我们的兄弟姐妹，我们实在无法狠心不管不顾他们的情况。

在投送力量的同时，我也要传达天气的变化，提供一些空中的情报，这些都是非常重要的。只有准确传达情报，才能保证整个救援环节畅通无阻，才能保证飞行安全。比如，在哪些地方有地形雨和一些要避开的地方，我们要保证所有人的空中安全，正确引导飞机飞行。

气象条件比较恶劣时，我们也在坚持执行任务，那时我们的想法很简单，就是尽自己最大的努力减少祖国的损失。我们落地吃东西，大多都是在和老百姓吃一样的食物。极少时候在机场吃空勤灶，因为根本没有工夫去享受那些个待遇，条件也不允许。空投下来的东西很多都已经发霉长毛了，我们就扒掉上面一层皮继续吃，只要能填饱肚子继续参加救火工作，霉不霉已经不那么重要了。

有一次我驾机飞到秀山的上空，这是一个飞行坐标上的转弯点，我必须向北飞。突然我发现这个山的火像火龙一样一路往上蹿，我立即向总指挥部报告了火势情况以及地标经纬度，总指挥部立刻组织开展救援。当时整个秀山县除了老人和小孩，都去参加了救援。正是由于我这个关键性的情报，让秀山及时避免了灭顶之灾，而我也长舒了一口气，为自己能帮祖国减少一些损失感到欣慰。

除了通报情况以外，我们还有个任务就是救援。大兴安岭的这次特大火灾，死了很多人，包括去救援的以及等待被救援的。我印象中最为惋惜的就是躲在地窖、菜窖里的老百姓，他们由于缺乏科学知识，最终窒息而亡。凡是在地面上的人，大都逃到了中间河流的小支岔，那个小支岔也就200米长，不规整，如果干旱的话最多是10米宽，像个小岛似的，但就是在这里，避难的1500个人全都活了下来。

参加灭火的同志被困之后也是由我们来救援。火势四起，有时从这个地方上去灭火，结果回去的路上遭遇了更大的火情，救援人员就成了被救援人员。在那场特大火灾里，这样的事情时有发生。我记得有六个灭火人员在灭火的过程中，被火困在山上迷路了。我们得到消息后，在他们救援的山上盘旋了很久，下面有火也有烟，要找到他们难度很大。但是经过不懈努力，我终于在山顶上发现了他们并顺利降落。庆幸的是，他们还活着，只是饿得走不动了。当他们看到我们的时候，已经激动得说不出话了，那种感觉就像在沙漠中快渴死的人看到了绿洲一般，我们迅速扶他们上了飞机并送到了安全的地方。

当时由于干冰降雨的条件不具备，救火基本上都是依靠人力。在自然灾害面前，我意识到了人是多么渺小。在扑灭大兴安岭森林大火的过程中，很多救援人员为了国家和人民的利益壮烈牺牲了，他们的事迹值得被铭记和歌颂。

第七节　飞出国门展现大国担当

1978年，孟加拉国经历了有史以来最大的一次水灾。连日的暴雨，狂风肆虐，这突如其来的天灾，使毫无准备的国民不知所措。短短两个月间，孟加拉国64个县有47个县受到洪水和暴雨的袭击，造成2000多人死亡，全国四分之三的地方都被大水淹没了。孟加拉国向全世界发出了SOS紧急求救，中国收到求救以后，立即决定派机组过去救援。这绝不仅仅是一场简单的救援，就从大局考虑来说，选派哪个单位的飞行员去就是个值得考量的问题。

中央最后派出了我们34师专机部队。从航线轨迹来看，这不是简单的飞行任务。那里的地形地貌和国内不同，对飞行各方面的要求都非常高，稍有不慎就会造成机毁人亡的后果。我们三架飞机在昆明待命，13师也派了一架飞机负责侦察天气，类似于现在的预警机，我们根据具体的天气状况决定哪一天出发。

孟加拉国的地理位置比较特殊，当时我们选择的最佳航线是从昆明经缅甸和印度的中间位置过去，最后到孟加拉国的达卡，算下来，航程有将近1200公里。但当时我们的飞机只能飞1000公里，也就是说我们中途必须停下来加油。在哪里加油是个问题，缅甸正在搞政变和罢工，我们不方便降落。再向前飞就是印度，那时印度与中国的关系也不是很好，未免也不方便在印度境内加油。我们曾想过参考美国的办法，先把飞机拆掉，从海上拉到孟加拉国，然后再组装起来。但这个方法耗时太长，再加上孟方和外方记者反复询问中方何时到达孟加拉国，我国驻孟加拉国大使馆又反复催问，我们最终否定了这个办法。

■图 3–4　周向党、陈义红、女儿陈鸫凌

经过慎重思考，我们决定飞机从昆明起飞后，在我国和缅甸的一个边境小镇上降落，附近的空军加油车过去帮我们加满油，然后再起飞去往达卡。我们曾想过飞机上载着油桶中途自己加，但是，一旦在加油过程中产生任何火花，就会出现大事故！在考虑方案期间，我们调阅了这段航线十年期间的所有气象资料，研究不同高度的风向、风速等信息，并且将每天的准

备情况向军委和师里报告，最终军委和师领导同意了我们的地面加油方案。

大使得知我们准备飞过去的信息后，在外交上说话都变得很硬气了，向全世界宣布中国的飞机马上就要飞过来了，并且不是像美国和德国那样以拆装方式运过来！那一刻，我们深刻认识到了这次任务的光荣与艰巨，为此特别成立了党小组，并开了党组织会议。我作为机长带领我机组全体成员，在党旗前宣誓：请党中央、国务院及全国人民放心，我们一定圆满完成任务，为祖国争光！

8月份，我们起飞了，从昆明到加油点一路都很顺，但是到了山区之后，突然下起了小雨，整个山区都被云雾围绕起来，我们尽量保持云下能见飞行，保持航向钻山沟，并时刻保持前后飞机的情况互报，一直向前搜寻着前进的路，在崇山峻岭中飞行危险系数是很高的，何况还有云雾缭绕其中，稍不留神就可能造成严重事故。

进入孟加拉国，我们看到其整个国土面积的四分之三都浸泡在水里。下面的村庄、道路、土地都是水，此时我们的油量也开始报警了，每个人的心都提了起来，因为按照当前油量，我们是无法按计划轨迹降落的。所以我们尽量减少飞机上一切费功率的动作，保持高度、速度慢慢往下降，我们大家分工各尽其职，尽快搜索机场。看到机场了！机长迅速请示地面塔台："呼叫大卡，我们需'长五边'落地。"按照飞行的规则，在长距离外场飞行是不允许长五边降落的。这也是极其危险的，因为它需要目测航线，对高度做判断，一旦出现偏差，就容易产生飞行事故。当时地面指挥要求再转一圈才能降落，我们把飞机的油量已经不允许盘旋的实际情况告诉了地面塔台指挥员，他们最后同意我们从长五边降落。

我们慢慢降下高度，采用飞机滑跑落地。事情就是这样凑巧，我们刚刚降落到地面，油量就彻底耗尽了，发动机随即停止，飞机靠着惯性向前滑行。这三个小时的飞行对我来说真的是永生难忘，因为整个过程都是在跟死神抢时间，只要有几秒钟的耽误，可能就是机毁人亡。

孟加拉国的总统艾尔德很快接见了我们，并同我们所有机组成员一起合影。我们告诉调度人员飞机需要加油，他们就用拖车把我们的飞机拖去了停机坪。他们都很佩服我们机组，因为当时飞机从中国飞到达卡是几乎不可能完成的任务，其他国家都是把飞机拆掉运送过来再组装起来的，我们直接飞过来算是首创。

我们马不停蹄地就开始执行任务，当时我们是以民航的身份去的，穿的都是便装。我们的任务一是拉粮食和牛羊肉，二是载着他们指挥官到灾区去。

孟加拉国的八九月份，天气很热，每天的气温得有四五十摄氏度，孟加拉国是个半岛国家，水灾淹没了大部分的土地，无法判断及确定地貌，因此无法确定飞机所在的位置。为了更加准确地把物资送达目的地，我们采用了地图作业、广播电台等很多种方法。其他国家的飞行员基本上天天待在宾馆里面，有时还对我们的测算结果说三道四。记得有一次送物资到一个点位上，他们就跟我们起了争执，说我们送错了。后来打电话一问，我们是对的，他们也就默不作声了。

为了更好地开展救援工作，我们想了很多办法，创造了很多让外国飞行员大吃一惊的奇迹，就连跟我们同样飞米—8的飞行员都不得不佩服我们做的这些努力。

初到孟加拉国时，我们享受的待遇是他们老百姓口中说的专家待遇，总体来说比较一般，但是我们苦日子过得多了，对于生活上的保障要求并不高，我们只想代表国家圆满完成这次救援任务。

其实孟加拉国也在调查我们每个人的真实身份，那时我国实行军衔制不久，我自己也没弄明白自己的军衔，但是孟加拉国很快调查清楚了我们的军人身份。

可能是由于军人身份的曝光，我发现我们享受的待遇突然好了很多。伙食变好了，住宿的地方每人还多了一盒35牌香烟。原来他们有个中尉一天到晚非常傲慢，后来知道我们身份之后客客气气的，看到我们还给我们敬礼，态度转变之快让我们惊讶。我们享受的是与孟加拉国军方军人同等级别的待遇和尊重，同时得到了其他国家赴孟救援同行们的赞扬和钦佩。中秋节那天，我国驻孟大使派人过来慰问，传达了党和祖国人民对我们的关心，此时一股暖流流淌在我心中。

在孟加拉国三个多月的救援工作中，我们克服了38摄氏度以上的高温炎热，克服了水淹全国近四分之三的地貌地标变形，克服了下雨和低碎云层，完成了飞机最大载重量起飞的方案，安全圆满地执行了孟加拉国水利部首脑空中视察灾情的任务。在整个救灾过程中，孟加拉国的广播电台和电视台新闻节目每天要播三个小时的救灾实况，总可以看到中国救援小分队参加救援过程中的飞行实况报道，我们总能准确无误到达救灾总指挥部要求的地点。

任务结束之后，军方领导带我们参观了他们的两个海军基地和达卡。后来还想让我们留下来给他们当飞行教官，这肯定是不行的，我们都拒绝了，但是我们告诉他可以向中国请求派教官，国家批准了才行。

我们临走的时候，送行宴会特别隆重。孟加拉国的总统艾尔德赠送给了我们救援小分队每人一个牌子，上面有孟加拉国的国花，牌子上写着："你为世界人民做了贡献，世界人民永远不会忘记你！"12月初救援小分队完成任务回国，我爱人赶到机场迎接我胜利归队，我紧握着爱人的双手，充满愧疚地说："对不起，我没有购买什么礼物回来，此行主要是执行救援任务。"我爱人笑着对我说："你能够为国家争得荣誉，安全顺利返回，对我和孩子来说已经胜过了一切礼物！"归国不久，孟加拉国驻中国大使馆也邀请了我们，以表示对我国、对我们机组人员的感谢。

第八节　一句话成为“唐山恩人”

我经历了两次大地震，一次是鞍山营口的地震，那时候我主要是承担救灾任务，同时也承担了专机飞行任务，载着毛岸青视察整个大地震的情况。

1976年7月28日3时42分53.8秒，河北唐山发生了特大地震，数十万人不幸罹难。我和副参谋长在飞机上的对话无意间传到空军各个塔台，为中央尽快做出救援决定，尽早挽救唐山人民的生命赢得了宝贵的时间。

唐山大地震时，我们住在营区震感十分明显，所有人一下子就都跑了出来。我们以前在河南新乡直升机团时有个好习惯，就是有一个战备包，里面装的东西很齐全，地图、洗漱用品、衣服都在里面，紧急出动的时候一提就可以走。这也算是一种战备上的要求，打仗不是旅游，是不会给我们太多时间考虑准备带上什么东西的，而是争分夺秒地赶到一线迎接战斗。

当天晚上我们就都出来了，随即就接到了任务，由我和我们师的一个副参谋长一起去执行。这个任务没有任何通知，因为当时中国的通信设备还比较落后，电话都是手摇的，也没有手机，当时中央和威海那一带的地区失去了联系，所以推测可能是威海那一带地震了。之前早就有过预测，因为鞍山地震以后我们整个地震带都不稳定，所以这次地震也算是有一定的预见性。

当晚我们就去威海搞空中侦察，接到任务时是凌晨3点，目标地点是威海东营一带，我没有一点犹豫，拎起包就直接走了。我和师副参谋长王建国同一架飞机，开的米—8，起飞的时候，天上还下着小雨，云底高120米。我们从沙河机场起飞，经过首都北京南台，然后从走廊口往山海关方向飞行。当时的云层特别低，也就120米，随时遇有低碎云，云底高100米，看不清东西，飞低了还怕刮到北京附近密布的高压线，这是个非常危险的事情，所以我们很紧张，特别小心谨慎，随时处理每一个飞行细节。

12分钟左右我们就飞到唐山上空，此时我发现很不对劲，外面漆黑一片，而唐山是个城市，居民也很多，楼房不少，就算是晚上也应该有路灯之类的光亮，按道理地面是很亮的，地面的亮光会在云层中发亮发光，但是我们到那里的时候非常黑，就像是山区一样，没有一丝光亮从云层反射，而我们又确定现在是在唐山的上空。所以我就下降到100米的高度，终于把下面的景象看清楚了，触目惊心，我发现地上连房子都没有，整个城市就跟战争年代遭遇了毁灭性的打击一样，到处都是废墟，连一个人影都没有。

当时我已经明白了一切：唐山发生地震了。非常严重，状况非常惨烈。我很着急就把说话的按钮给按了，把我们从内部讲话频道一下子接到了对外频道，本来是我们机组的内部通话，这会儿空军的监控台等地方都能听到。我当时都没意识到，还以为只有我跟副参谋长在内部通话，我跟他说："完了完了。"副参谋长还纳闷问我什么完了，我让副参谋长看地面，紧接着继续说完了完了，唐山地震了。

"唐山地震了！"这下可就炸锅了，当时我们就决定不去威海和东营了，因为已经确定是唐山地震了。我们一回来，中央就决定派北海舰队、沈阳军区和济南军区火速向唐山出发，同时命令全国的医疗队往唐山集结。

后来我也参与了救援，不过我主要是执行专机任务，中央领导要坐着飞机看整个唐山的情况。机场上聚集着成千上万的老百姓，围着飞机往上送伤员，基本的红药水都用完了，眼看着有的重伤员因得不到及时救助而死去，我心里揪得慌，很不是滋味。当时机场上人很多，运伤员的车什么样的都有，从手推车到马车，到拖拉机，都上了停机坪。空运的飞机卸完满载的救援物资，便开始往机舱里面运送伤员，每架飞机的后面都排起了长长的队伍，大部分伤员都躺在门板上，有亲人和邻居的护送，都希望赶紧把伤员送上飞机去救治。对那些还没有送上飞机就已经死去的伤员，他们就把尸体放置在机场边上。自7月28日至8月12日的半个月里，空军的战友们硬是用最原始的方法，创造了近代飞行史上的奇迹。怎么能应付得了这突然飞来的几百架满载救灾物资的飞机啊！可是救灾如救火，刻不容缓啊！因为塔台也垮了，地面指挥员就靠目测、口报，拿着报话机和红灯来指挥飞机降落。他们2人一班，手拿无线电送话器，一人盯住跑道东边，负责飞机起飞；一人盯住跑道西头，安排飞机降落。往往是天空中盘旋着好几架大型运输机，急等着降落的指令，跑道边上，又同样停着几架匆匆卸完货的飞机等待指令飞走。起落间隔最短时，仅仅十几秒钟。十几秒啊，简直就是眨眨眼的工夫。在这小小的唐山机场，在大地震后裂出道道深缝的跑道上，竟没有出一点哪怕是极其微小的差错，这期间同时还要应对飞机落地时遇到的余震。当时大约估算了一下，一个小时怎么也有30架飞机，平均2分钟一架。

在巨大的机翼下，北京、上海、沈阳等地的医疗队到了唐山，先后奔赴市区，震耳欲聋的轰鸣声中，一架架飞机腾空而起，无数濒临绝境的重伤员被抬上飞机，送往各大城市急救。在巨大的机翼下，来自全国各地的食品、帐篷、衣物在跑道边上越堆越高。人们在忙乱中似乎已经忘记，这一切，是在一个受了重伤的机场上完成的。

第一天到的时候我们没地方住，到处都是废墟，调度室外面到处都是盖着白布的尸体，我从中间走过去都是强忍悲痛，这都是我们的同胞啊，那会儿饭也吃不下，水也喝不下。救援人员都在拼尽全力救治还有生命迹象的人员，尽管设备比较落后，人工救援的进度却没有丝毫减慢，大家都是含着泪在现场搬开废墟，往里面呼喊着，只希望能够听见一些回音，这些回音就是生命的希望。

一次次希望，一次次失望，堆积起来的尸体越来越多，整个路上、平地上都是，大家甚至已经忙碌得忘记了悲伤，只知道要争分夺秒地去抢救伤员。晚上机组成员没有房间休息，就在飞机的机身底下睡觉，一边体验着余震一边听着小雨的伴奏，将就了一晚。好在第二天帐篷和一些救援物资都来了，我们就住在帐篷里面，等待任务分配。

唐山救援，就是一场没有枪炮和硝烟的战争，一场自然和人的战争。后来他们说唐山大地震相当于400颗广岛原子弹爆炸，让这个有着百万人口的工业城市遭受灭顶之灾，瞬间夷为平地，24万鲜活的生命葬身瓦砾之中。现在想起这个数字仍然触目惊心。

弹指一挥间，40多年过去了，有个上海的电视台通过一系列的线索，查到了我的爱人，然后找到了我，询问了一些情况，把我和那段录音给对上了。后来我还去了上海电视台接受采访。

40多年过去了，那段特殊的日子在我脑海的记忆里似乎已经很遥远，但亲历的每一个场景却常常在眼前浮现，至今挥之不去……

第四章

蓝天伉俪，为爱一起飞

第一节　周向党：改装直升机一次艰难的事业抉择

从航校毕业后，第四代女飞行员有两个去向，一批飞运输机，一批进入特殊运输部队。这是中国空军的一支神秘部队，这个师常被称为“专机师”。它承担着中央领导人的专机工作，要求飞行员不但要技术精良，还要政治可靠。飞行教官告诉我们，“专机师”资料绝密，要求苛刻。并且透露，飞行必须做到“鹅毛落地，杯水不洒”，也就是说机舱内放一个装满水的碗，直到落地一滴水都不溢出，整体飞行感觉如鹅毛般灵动轻盈。

这个特殊的“专机师”，就是中国空军34师，也被称为王牌专机部队。

能分到34师，是组织对一个飞行员最大的肯定。随着《英姿飒爽上蓝天》的全国播映，我在整个空军部队乃至全国都有了响当当的名气。但我深知，名气是组织赋予的，在毕业分配的当口，我没有向组织提出任何要求，而是默默地做好了到最艰苦的地方、到最危险的岗位去的心理准备。

在毕业分配去向的那天，我正在看妹妹写来的信，思念着离别数年的亲人。同屋的战友咣当一下冲开了房门："向党，你分到34师啦！"那一批，我们一共四个技术最过硬的女飞行员，组成了两个机组，一起分到了传说中的王牌师。

走进空34师，我才对这支神秘的部队有了深刻的了解，乃至离开部队多年，我关注牵挂的，还是这支部队的建设发展。在这里，我开始了刻骨铭心的职业生涯，也翻开了我人生的新篇章。

走进空34师的第一课，就是了解它的历史和担负的职责使命。空34师是空军直属的一支运输航空兵部队，主要担负党中央、国务院和中央军委赋予的专机任务，同时还担任大军区值班、战备空运、抢险救灾、科研试飞以及旅游、客运包机等任务。当时师部驻地在北京西郊机场。它的前身是空军独立第三团。为了充实航空运输力量，以适应繁重的空运任务的需要，中央军委1952年5月2日电报指示，以华北军区空军所属空运大队、空军北京西郊机场和空十三师的女航空人员，合编为空军独立第三团，隶属华北军区空军建制。

1963年8月28日，经军委批准，总参谋部通知，将主要担负专机任务，直属空军领导的空军独立第三团，扩编为空军第34师（简称空34师）。同年10月1日，空34师完成整编，师部驻北京西郊机场（位于北京市海淀区四季青人民公社境内），下辖空军第一〇〇团、第一〇一团及西郊场站、沙河场站。师代号七一九六部队。

从1952年到1960年，专机师多次执行国家领导人的专机接送任务，这是新中国成立以来我国领导人第一次乘坐中国人自己驾驶的专机出国，也是空军首次执行的出国专机任务。当年的空34师，除了任务特别，还有一大特点，就是将帅子女多，高干子弟多。甚至有人说，从来没有哪个部队像空军34师一样，拥有如此众多的将帅子女。军师长一级、中将、少将、大校级军官的子女足足有一百人以上，尤其是数量稀少的女飞行员，大多数是军以上干部的女儿。我暗自下定决心，要用努力和实力在这藏龙卧虎的地方，打拼出一片自己的天空。

在成都的几年，我们一直飞的是雅克—18，后来转战哈尔滨，飞的是运—5。在我心中，一直对大飞机有着天然的好感和尊敬。到了空34师之后，我们接到了任务：在三个月里改装飞里—2，迅速具备执行任务的能力。

我驾驶过曾经执行过国家领导人专机任务的里—2飞机，一想到这里，我浑身上下有用不完的劲儿，不到三个月，我顺利完成了改装，放了单飞。而此时，任务又发生了变动，师里的里—2和伊尔—14要淘汰到其他军区去，许多飞行员都随着飞机一起转调到了其他单位，有去广州的，有去东北的。而我们这4个女飞行员整建制地留下了。

留下之后有两个选择：飞三叉戟或者飞米—8。三叉戟是当时国内最好的运输机，不论是组织意向，还是我们几个人的个人感情，都是愿意飞三叉戟。大方向定了之后，我们几个女飞行员专门在三叉戟前留影纪念。回到宿舍，我在日记本上工工整整画下了三叉戟的模样，飞得高、飞得远，这是我学飞以来梦寐以求的目标。

然而，事情的变化总在不经意间。就像一只搏击长空的海燕，也会在风浪间，转变命运的航向。

师党委研究后决定，新中国成立以来，女飞行员的风采遍及空军各个职业岗位，唯独在直升机上没有女性代表。第二批的老大姐已经飞过三叉戟，作为新中国执行专机任务的形象代表已经有了，但直升机还没有女飞行员飞，是个空白。

为什么女同志不飞直升机是有原因的。直升机的危险系数极高，当年直—5列装，受综合工业能力限制，一些技术指标不够先进，较容易发生事故。曾经在直—5飞行过程中牺牲了几位女飞行员。但党委领导仔细斟酌后认为，现在配备的是米—8直升机，是进口的双台发动机，安全系数已经大大提升了。“就让女同志飞米—8吧！”师党委定下决心，大队党委把我们集中起来，进行了正式通知。

说心里话，我是不乐意的。我的理想一次次画在纸上的，都是大飞机。而且我年龄偏大，改装直升机的难度不小。直升机和带机翼的飞机不论是飞行原理还是操作性能上区别很大。带机翼的改装带机翼的飞机还容易点，改直升机可以说要从头学起。就像是开汽车的再去开轮船，性能和构造有着天壤之别。

那一个晚上，我几乎一夜未眠，大飞机在我的脑子里忽上忽下，执着地扇动着双翼。而耳边，则是轰隆隆的直升机螺旋桨的轰鸣声。何去何从，我的心里已经有了答案。

第二天一早，杜乐安大队长通知我，让我去师长办公室。时任空34师师长杨福贞一见到我就开门见山：“向党，你叫周向党啊，你是孤儿，你是党的女儿，党养大的孩子，你要听党的话啊！飞直升机是代表中国妇女的飞直升机，而且你们执行的是专机任务。三叉戟是我们34师的一个拳头，直升机米—8也是我们34师的一个拳头，两个拳头都要有女同志的代表，向党，你是党养大的孩子，你是党的女儿，你要带好这个头！”

尽管我刚到空34师不久，但杨师长已经非常了解我。从学生到学员到党员，我一直都是优秀的、先进的代表，我的立场坚定了，其他飞行员的思想工作就好做通了。

我对杨师长说：“首长，您放心吧。”回到宿舍，我马上写了一份决心书。我跟杜大队长谈，跟第二批女领航员李丽珍老大姐谈，他们都鼓励我要服从组织安排、听党的话，我表态那我就飞吧。

在决心书上，我这样写道：“周向党是党养大的孩子，党培养的女飞行员。我没有父母，如果在旧社会我就得靠乞讨为生。我妈妈也是孤儿，她在旧社会逃荒要饭，可是新社会党培养我成人，而且让我做了飞行驾驶员，我应该听党的话，按照师党委的要求去做，要飞好直升机，要带头飞好直升机，做党的好女儿。”

我把决心书上交之后，按照组织安排，我们调到了直升机飞行大队。

我的心里也明白，飞直升机和飞大运输机，确实有很多不一样的地方。不只涉及飞行技术，还牵扯到安全、待遇、地位等方面。

其一是直升机的危险性太大了。直升机飞行高度低，电线电话线、障碍物多，飞机操纵系统不成熟，如果遇有重大机械故障，基本上都是机毁人亡。而且直升机大多在山里面转，飞机起飞落地就是山头、山谷、河套里。在气流的影响下，山沟里有一股吸力，向阳面和背阳面因阳光照射不一样，温度不一样，造成气流不稳定不一致，飞不好就感觉直往山上贴。飞行员要凭着自己脑子、眼睛提前判断，反应要快，手脚要协调，否则形成惯性极易出事故。

其次是走出去的待遇也不一样。飞三叉戟是机场对机场，飞行员待遇都非常高，保障相对要优越一些。飞三叉戟的女飞行员走出去，昂着头挺着胸，很自豪的样子。可是飞直升机都是野外落地，经常是到部队野战环境下执行任务，住的待遇和到机场的待遇相比差远了。尤其到野外飞行，女同志有很多的不方便。所以给人家的感觉是三叉戟和直升机有一个档次高低的问题。

其三是技术难度问题。我们在航校里就学的是带翼机，而直升机原理完全是另外一套飞行原理系统，要复杂得多。直升机飞行员考试也特别多，可以说是终生飞行终生考试。从我坐到直升机的驾驶舱那一刻起，到二十多年后我离开空34师，我对直升机的研究、学习、考试一直没有停止过。

从我给自己起名“向党”的那一天起，我愿意把自己的一切奉献给所信仰的事业。

第二节 周向党：我的红娘是“米—8”

飞行，是我一生的追求；飞行，也是我一世的情缘。因为“米—8”直升机，我收获了忠贞不渝的爱情，拥有了温暖甜蜜的家庭。与那个年代大多数自由恋爱或者是组织介绍不一样，我的“红娘”是“米—8”。

分配进入空34师后，我一门心思扎进了飞行中。可谓是两眼不观窗外事，一心只想上蓝天。课余闲暇，我不爱逛商场游公园，最大的爱好就是打篮球。我在航校就是运动健将，正好空34师也有篮球赛的传统，我如鱼得水，成了女篮队的主力。

当时我们常驻地在沙河。沙河机场有两个飞行团和一个场站，分别是直升机二〇三团和飞“里—2”运输机的一〇一团。几名女飞行员一下部队，万绿丛中一点红，特别招眼。所以我们女篮打比赛时里三层、外三层，被观赛的人围得满满的。我打球的时候犹如猛虎下山，在球场特别地活跃。我身体结实，打后卫，满场飞。原来同学给我们起小名儿，区队长叫“非洲狮子”，我叫“亚洲虎”，现在又带到了部队。

这时，就有领导开始关注我的个人问题，开始给我介绍对象了。也有胆大的男飞行员，直接给我传条子。这两个团的男飞行员大多是1965年、1966年的兵，很多都没有找对象。我是女飞行员的班长，《英姿飒爽上蓝天》宣传片的主角，名气应该说很大的。加上“周总理的养女”的名号在私底下传得很响，用现在的话说，有点像自带流量的女明星。

我的一位姓孔的堂姐在303研究所工作，她给我介绍了中央领导家的一个。还有一次我在永定门偶遇我们大队的一个男飞行员，他爸爸是部队领导，专门叫司机把我送回部队，还说让我上他家。那个年代，谈恋爱既是个人的事，也是组织的事。我所在飞行大队的政委姓张，许多人走迂回路线，把追求我的想法提给张政委。1975年的冬末，张政委把我叫到了办公室，让我考虑陈义红，说人品好，飞得也很好。后来中队指导员赵玉坤也跟我说过。有一天，赵指导员一见我就说：“向党，陈义红这名同志你有印象吗？感觉怎么样？”陈义红年纪轻、人不错、飞行技术好。

我脑子转得快，一下子明白了他的意思。我不吭气，只是笑了笑，摇了摇头。说实话，我确实对陈义红的印象不深，我的性格就是特别不注意男同志。

我问：“指导员，哪儿的人呢？”

指导员说：“是上海的，爸爸妈妈都是工人。”

我说我不认识这个人，现在也没有考虑。我马上要改装直升机了，等我改装好了以后再说吧。第一回合，我把这事给挡了回去。

虽然组织介绍被我委婉拒绝了，但这个人的身影不知不觉在我视野中渐渐清晰起来。

陈义红当时是空34师一〇一团一大队一中队的中队长，被选为全国“硬骨头六连”式的连长标兵，经常出去开会学习介绍典型经验。我们排队吃饭，他带队喊口令。嗓音清亮，肩宽，腰窄，一身腱子肉特别发达，标准的倒三角，走在队伍前面有一种虎背熊腰的气势。

他是篮球队队长、排球队队长、足球队队长，人家都中午休息，他和我一样，爱打篮球。那会儿是冬天，他戴了一个毛线织的帽子，脸跟黑铁打的似的。脚上一双白球鞋，前面透着脚指头，后边露着脚后跟。中场休息，他摘下帽子，后面一绺头发就在那儿翘着。我心里想，这人外表够粗糙的，哪儿像上海人，特别不修边幅。这个上海人，难道就是将来我要跟他过一辈子的人吗？

那时女飞行员一进单位，追求的人也多，做介绍的领导也多，但陈义红整天在外面执行任务，只听说技术好，到底有多好我也不清楚。在观察他的这一段时间里，王鸿祥飞行副大队长，还有一个管行政的赵副大队长等，走马灯似的都来跟我提这事。无形中我的压力特别大，头上好像有个大锅盖盖在上头似的。

不知不觉中，陈义红开始行动起来。我们都有晨跑的习惯，大清早我一跑步，他就开始在后头不远不近跟着跑。后来我就看着他说：“你跑到前面去，我跑我的。”我们到人民大会堂看节目，坐的是大卡车，我穿着军大衣，拎着一个小马扎，上车之后把小马扎往车斗里一放。陈义红带队，应该在驾驶室里和司机并排坐着。他说："周向党，你下车，坐到前面来。"一车战友的目光一下子集中在我身上，我脸涨得通红，屁股钉在小马扎上不挪窝。到了人民大会堂，大部分人的位置都在二楼，他的在一楼。他手一挥，把我指挥在一楼前排就座，他到二楼坐着。就这些小事，让我感觉这个人还挺细心的。

但这些都不足以打动我，直到发生了另外一件事——情牵"米—8"。

决心书交上去之后，我们几个女飞行员的编制正式调到直升机团。1976年春天，正式开始直升机的飞行学习。陈义红作为"米—8"最资深的飞行教员，开始带教女飞。因为我们没有正式确立关系，我成了他的学员，他成了我的教员。在教学中，我觉出了他的过人之处。

同期教员好几个，他带飞思路最清晰，动作最细腻。有的教员操作时，飞机直晃荡，陈义红几下就能把飞机搞得特别稳。滑跑起飞时，他滑跑起飞落地速度都大，但飞机状态非常好。其他几个教员胆量、飞机控制能力、飞行速度都不如他。除了飞行过硬，理论讲学也是高手。他讲发动机、讲仪表、特设，条理清楚，通俗易懂。

理论课讲完，模拟地面演练也搞完了，上天飞行的时刻到了。那是我第一次放飞"米—8"。目标空域沙河上空，内容是飞空域和起落，还有飞山头、山谷。教官陈义红、我，还有领航员和机械师，四个人一起登机。

四个人落座完毕，舱门关闭，我屏气凝神，等陈义红开车起飞。没想到的是，陈义红大手一挥："向党，你来！"

我暗暗一惊。教员自己也有起飞降落的课目，几乎没有人敢让头一次驾机的学员直接飞起落。我身上那股不服输、敢拼搏的劲头一下子被点燃了，要飞就飞得漂亮！

直升机旋翼轰隆隆转了起来，悬空，离地，"很好，稳住！"旁边传来陈义红带着上海味的男中音。我稳住神，操纵飞机进入预定航线。按照预定好的课目计划，我把该做的动作都做完了。一路上，陈义红没有多说话或者纠正我的动作。我知道，他这是艺高人胆大，完全有能力应付任何突发状况，所以敢放手。而我的性格恰好是你越放手，我越要飞得干净利索，匹配这份信任。

飞机在沙河上空转了一大圈，再次返回机场上空，这一圈，一种隐隐的默契在我和陈义红之间搭建起来。不用他说话，我明白，降落也由我来飞。直升机稳稳落地，陈义红和我相视一笑。

说来奇怪，政委介绍我不同意，战友牵线我不上心，但在"米—8"上飞了一个起落，我对陈义红的感觉发生了180度大转变。75个直升机起落飞完，我成为合格的"米—8"飞行员，"黑铁打"变成了"白马王子"，渐渐地走进了我的心里面。

第一次约会

我和陈义红的第一次约会，是在政委办公室。

改装完直升机，政委再次把我叫到了办公室，我进门一看，陈义红也在。

政委说："向党，义红的情况你应该了解了。最年轻的中队长，多次执行专机任务，全师都有名的飞行标兵。你们自己谈谈吧。"

陈义红不吭声，不时拿眼瞟着我。

我问："家里同意了吗？"

陈义红一五一十地介绍家庭情况，讲完之后，他告诉我，还没有跟家里人商量。我撂下一句话："你必须得跟家里人商量，征得你父母的意见。你父母同意了我们再谈，你父母不同意，我们就不要谈。"一个星期后，陈义红来找我，告诉我说爸爸妈妈同意了。后来才知道，是他自己拿的主意。上海那边的情况是，他有一个舅舅，舅舅是他们家领养的，家里想把这个没有血缘关系的舅舅女儿说和给他，陈义红不同意。待到后来我去上海，他父母欢喜得不得了。有一期《航空知识》杂志拍的我做封面，他们家人买了几十本送人。

接触之后，陈义红的善良、耐心和正义一点一点体现出来，我们的感情逐渐加深。这么多年，我是两个妹妹的主心骨，从精神上、经济上都是我支援她们。在我眼里，她们都是孩子。1976年唐山大地震，北京市谨防余震，家家户户在屋外头住宿。我把两个妹妹接到了部队，住到了沙河机场。陈义红特别关心她们，经常给妹妹们买东西。

有一次他出任务，把宿舍和抽屉的钥匙都交给我，叮嘱钱都在抽屉里，妹妹需要尽管去拿。我张罗好妹妹的事回到宿舍时，发现我的柜子都被拉开了，宿舍中的一个舍友说自己一沓子钱里头缺了一张大票子。虽然她们没有明说，可里里外外透着的意思是，我的开销大，把我当成了头号怀疑对象。

我受了委屈，又没处辩解，只好等到他出完飞行任务回来倾诉。陈义红一听就很火，他把自己抽屉拉开，里面露出一沓沓钞票。他提干早，家里也没什么负担，他也没处花钱，工资都攒在抽屉里。他说："你叫她们来看看，我这里这么多钱给向党用向党都不用，难道还会去拿你们的钱？这是对一个人人品的污蔑，也是对一个共产党员党性的污辱！"

事后，他严肃地向组织反映了这个问题，保护了我的清白和名誉。从父母去世后，家里家外都是我自己扛事，养成的性格就是刚毅坚强。在最关键的时候陈义红给予的这种心理安抚，是别人从来没有给过的。我感动，我的两个妹妹更是把他当成了依赖。陈义红待人温柔和气，她们管他叫哥哥，比跟我都亲。

陈义红心细，妹妹们从机场回到前门老房子后，他不放心，利用周末休息的机会一趟趟往市里跑。担心妹妹们做饭难，他去菜市场买好肉，叫摊主拌上调料，拿塑料袋一兜，妹妹加热一下就能吃。自打父母走了，家里从来没有这么热闹过。我大妹妹长得非常漂亮，爱打扮，陈义红也不时给她们塞点钱。我一下子感觉到，有了他以后，大事小事有人帮着承担，我肩上的担子轻多了。

先是感激，慢慢地就有了感情。他出专机任务时间长了，就开始觉得怎么还不回来，就开始互相写信。陈义红喜欢集邮，存了不少一整版一整版的邮票。我埋怨他老不回来，就把成版的邮票扯开，给他贴上寄信，他也不发脾气。到现在，他还把老邮票拿出来笑话我。我知道，这是他在谦让我。

最让我钦佩的，还是他的专业技术。飞行员考核多，新知识新技能多，他不论是理论还是飞行，都是我的老师，两个人，在事业上都追求上进，互相支撑；在生活中，一起面对困难，互相依靠，渐渐地，我离不开他了。

蓝天伉俪比翼飞

1978年春节，我们在上海旅行结婚。之前陈义红没回上海探亲过，正好利用这个机会带我见一下亲朋好友。结果大年三十晚上，我们接到部队的电话命令，要求我们立即赶回部队。大年初一一早，我俩坐火车从上海赶到北京，整个列车上就我俩。原定在上海买结婚礼物的计划也泡了汤，后来陈义红出国执行任务回来，给我带了一条项链，算是我们的结婚信物。

成了正式夫妻，组织上先是在家属区给了我们一间房，后来又给我们分了一套两居的套间。在安家的过程中，陈义红干了一件至今说起来都很得意的大事。

当时上海对飞行员的拥军优属十分重视，领了结婚证，上海市送票子可以买一套结婚的家具，包括大立柜、床、沙发、桌子、椅子等。婚后那年春天，陈义红作为教官带着几个飞行员去东部沿海地区搞复杂气象训练，专门找能见度低的，云底高度较低的地域，飞复杂气象。训练顺利结束后，他们从上海江桥机场起飞，顺便把这一套家具拉回了北京。

1978年正值改革开放之初，全套家具在空军34师是稀罕物件。整个部队营区有实木家具的仅我们一家。师长来我们家参观，正巧我穿了一双时兴的红塑料凉鞋。师长看了一圈，笑着说："向党啊，你们家是资产阶级啊。"

这么多年过去，我家还是延续了结婚时的家庭分工：经济上、生活上的大事，都是陈义红张罗做主。结婚40年了，我俩没为生活上的事吵过架、红过脸，直到现在还是他做主，我不当家。转业后陈义红提出来，他妈妈在上海，要回去照顾老人。我无条件跟从，毅然离开我的故乡北京跟他回到上海。有一次我到上海讲国防教育课，我对台下的听众说："上海人聪明，可是怕吃苦，肯吃苦的上海人飞出来都是very good，最好的。北京人不傻，可是上海人比北京人还聪明，我就是被上海人骗来的北京人。"讲到这儿，台下就使劲鼓掌："骗得好，骗得好！"为他鼓掌。

正如老一辈革命家所说，拥有共同理想信念，拥有共同事业追求的婚姻，最牢固、最持久，志同道合。

第三节　陈义红：特别的爱给特别的你

1976年，二〇三团和一〇一团合并，原有的直—5飞行中队全部外调，“米—8”成为主力机型。我（陈义红）从苏联回国后，成为“米—8”老母鸡，专机任务、带飞教学任务一场接着一场，一个月起码有二十多天在外飞行，找对象的事就一天天地耽误下来。

我的考虑是，我是大哥，父母需要我照顾，家里的事也得我来撑。以后早晚要转业的，不如在上海找一个。当兵的时候，第一年津贴费是每个月5元，第二年每个月6元，我烟酒不沾，津贴费寄回家成了弟妹们的学费。提干之后，一个月52块钱，手头这才富裕起来。我提干之后个人问题迟迟没有解决，父母和组织都开始催促起来。

赵指导员是我们中队的指导员，我俩睡在同一个房间。有一天，他神神秘秘地问我：“来了四个女飞，有一个叫周向党的，你瞧见没有？”我不吭气。过几天，他又说起这事，我始终没有表态。到了周末，我的同学，三大队的云雀飞机机务技师，把我拉到操场看球，那是女篮比赛，我同学指指说：“就是这个人。”

她个子高高的，大眼睛高鼻梁，球打得很泼辣！后来真正让我看准她的，还是飞行。

当时，四名女飞行员改装“米—8”有一段时间了，原来的王教官因为严重胃病不得不回家休养，女飞行员的带教任务落在了我头上。王教官把四个人的特点一一交代给我。第二天，我带着她们上了一次机，四个人的技术优缺点我就掌握了。在四个人当中，有两名女飞行员很骄傲，自我感觉很好，向党技术扎实，态度却是最谦虚和勤奋的。赵指导员跟我介绍过向党的家庭情况和经历，我感觉到她是穷人的孩子早当家，她有志气，那我就帮她这个忙，让她第一个放单飞！

时隔40多个春秋，第一次和她一起驾机的点点滴滴还在我的记忆里，好像昨天一样。

那一天正值早春，北京上空晴朗无云，是个飞行的好天气。我向指挥塔台报告，申请4个起落。所有和指挥塔台通信对讲的都是我，没有人知道，实际操作全都是向党。

在前一天示范飞行时，我已经把动作应该怎么做、动作容易出现什么状态、出现状态的先兆、出现状态的处理都讲得很详细。向党的接受能力很高，所以报告起飞之后，我就对她说：“你飞吧，大胆飞吧！”四个起飞，四个落地，稳稳当当。

下来后，团长问我：“四个女飞谁先放单飞？”我说：“周向党。”当时中队长、大队长、团长都在地面上观摩，他们也都觉得向党没问题，动作掌握很精准。我作为教官，必须在放飞单上签字，表示我对学员的飞行承担责任。我把名字一签，OK了，我的目的达到了。按照团里的规定，一般要飞满80个起落才能放单飞，但周向党75个起落就放单飞了。向党一直说，我带着她走了改装成功的最关键的几步。但说老实话，我是带点私心的，但这点私心不仅是考虑未来我们两人关系的发展，更多的是对她要强性格的一种敬佩。

飞完起落，接下来就是飞仪表。把驾驶舱前面的一块布拉起来，飞行员看不见外面，在空中的一切操纵都依靠仪表。45度大坡度、大盘旋，复杂气象，等等，都是高难度动作。我还是敢于放手，对她说："大胆干，别害怕。"当时就是一个想法，一定要帮助她飞出来。

向党在工作中很泼辣，在生活中却展露出有趣的一面。

我是集邮迷，平时不抽烟不喝酒，除了日用品，唯一的花销就是买点邮票。有一回我俩一起逛街，赶上首张猴票发行，8毛钱一张四方连，向党说不划算。过了一阵，猴票涨价了，8毛变8块了。我又想买，她说："8毛钱都没有买，你8块钱还买？有这钱，正好给你买条毛裤。"当时买的毛裤早就找不见了，猴票现在价值不菲。一提起这件事，我就逗她，相当于错过了一套房。

还有一次，她有一件事做得不妥，我找她谈心，讲道理。她知道错了，又不好意思低头，就红着脸跟我辩论说："第一你党龄比我长，第二你年龄比我大，第三你军龄比我长，第四你是领导！你还有什么道理跟我讲！"我都觉得好笑，只好说："好好，我没理。"

就在这些点点滴滴中，我们的感情不断加深，我心疼她是孤儿，我说你放心吧，两个妹妹以后我来负责。当时大妹妹在工厂上班，小妹妹还在读书，我提干比较早，经济宽裕些。我就给她大妹讲：“你的钱自己做主，把自己的个人问题解决好。小妹妹的花销，由我来负责。”一到周六，我就上午去前门她们家，照顾她们吃饭，买东西。下午4点钟左右从前门走，5点钟赶到马甸，再坐公交车到沙河机场。

她的妹妹们很喜欢我，管我叫哥。第一次去她家，两个姑娘按照北方人的习惯，给包的上门大饺子，表示很同意我和向党的关系。小妹下乡，插队落户在通县，我一方面鼓励她好好生产，向生产队、村里的人学好农活，另一方面督促她不要忘记学习文化。小妹妹很听我的话，在我们的帮助下，小妹妹后来也顺利回了城。

我做的这一切，既是对向党的爱护，也是对向党的敬佩。我知道她拉扯两个妹妹很不容易，尤其在陆军选飞的时候，她放弃提干，坚决要当飞行员，这份志气让我这个男同志刮目相看，这样的女人值得我爱护一生。这一辈子，我们是夫妻、是战友、是搭档，我们有说不完的共同语言。这共同的语言是什么呢？就是为了祖国飞行的事业，把自己毫无保留地贡献出来。信任党，坚决完成任务！如果说，我们和别的夫妻有什么不一样的话，那就是我们把对彼此的爱融入飞行这项特殊的事业之中。

从我选择飞行的第一天起，就意识到飞行是一个高风险的职业。也目睹了因为各种原因导致的飞行事故。我还记得在空

34师，两架云雀直升机正在机场上空飞行，突然发生了相撞，造成了一等事故。其中一个飞行员我认识，佳木斯的，刚结婚没多久。事故发生后，他马上被送到了沙河二六一野战医院抢救，可惜还是牺牲了。他的新婚妻子受了很大的刺激，这件事对当时的官兵影响很大，目睹这一惨剧的二六一医院的医生、护士从那以后极少愿意嫁给我们师飞行员了，害怕每天要提心吊胆地过日子。但向党是女飞行员，她理解飞行、热爱飞行，我们的情感因为飞行反而更为牢固。我们一起解决飞行中的难题，坦然面对生与死的考验。

有一次，我带飞师副参谋长夜间恢复飞行。起飞后没多久，突然发动机轴承断裂，从尾喷管喷出的火花像放烟花似的，在夜幕中四散开来。随着火星落地，整个机场顿时一片火海。我和副参谋长都是经验丰富的老飞行员，在我们的操控下，着火的飞机最终平安落地。我让机上所有人员全部撤离，独自留下把飞机停车。当时指挥所看到这个情况，整个通信系统里鸦雀无声，每个人都屏住呼吸，连一丝声音都不敢出，只有塔台跟我保持联络。那天晚上我是夜间飞行训练的第一批，向党是第二批，当她听说机场出事了，骑着自行车就往机场赶，一路上遇见的飞行员都避开她，不敢上前跟她打招呼，她以为我肯定出事了，骑着车进到机场里面。我看见她头发乱蓬蓬的，我说：“没事了，回去吧。”那一瞬间的四目相对，胜过了千言万语。

婚后，她到云南执行中越自卫反击战的任务。一个阶段性任务完成之后，她驾驶飞机从云南飞回北京。当时我已经是副大队长了，正好在塔台做空中指挥员，指挥这一批次飞机落地。

指挥员要对整个气象、空域交通做出综合判断，气象显示，首都方向马上将有雷雨云，不符合降落条件。但我通过目测发现天气还可以，我问气象，时间间隙有多少，能不能在雷雨前完成安全降落。我心里明白如果等雷雨过去他们只能备降外地。他们刚执行完高强度作战任务，又从云南往北京飞了6个多小时，大家都渴望早点回家，我要力所能及利用条件指挥他们安全降落。

我通过指挥通信系统，把经过精确计算的空中飞行方向、高度、速度告诉飞行员，其中也包括向党。她听到我的声音，心情舒畅又踏实。我眼见着她进机场，雨哗啦落了下来，飞机平稳落地。

这次空中电波通话在空34师传为佳话。别人家都是电话传情，我俩是空中传情啊！这么多年，我俩经历过许多场共同飞行，但始终和第一次驾机一样，我信赖她的技术，她相信我的能力。我们攀越了直升机飞行的难关、险关，最终平平安安结束了飞行生涯，这是我一生最大的幸福。

第四节　周向党：执行红旗—2某型防空导弹试射任务

在陈义红的帮助下，我迅速成长为一名过硬的“米—8”飞行员，执行的重大飞行任务也越来越多。

1979年夏天，酒泉14号基地，即中国人民解放军航空航天导弹发射试验靶场基地，晴空万里，热浪滚滚。大西北的夏天尤其严酷，昼夜温差达数十度。当地人有句谚语，叫作“早穿棉，午穿纱，晚上抱着火炉吃西瓜”，在沙漠中飞行，机外温度最高时达到50多摄氏度，从舷窗向外望去，一望无垠的沙漠呈现出五颜六色的景象。这是因为沙漠的热气蒸腾上升，通过太阳光的反射，反射出不同波段的光芒。有时候，我们的飞行高度比较低，能够清晰地看见沙漠地表的植被，在浩瀚的沙海中，只有几株骆驼草零零散散地长着。

直升机一飞向西，跨越贺兰山脉。我从驾驶舱向外望去，只见山势雄伟，犹如万马奔腾。这里是我国草原和荒漠的分界线，山脉以东还有青山，飞过山脊，只见黄沙遍地。我不由自主地吟诵起岳飞的名篇《满江红》：“靖康耻，犹未雪。臣子恨，何时灭？驾长车，踏破贺兰山缺。”

在飞行之前，我已经被告知，基地正在进行我国一型关键武器装备的研发，试射任务，在那一两年的时间内，空军34师担负这项任务的战备值班，值班的时间是一个机组三个月左右。我们团“米—8”机组轮流常驻14号基地，也常常在14号与10号基地之间穿梭，保持时刻待命的状态。具体的工作包括保障首长的视察、检查，运送重要文件，技术人员的往返出入，等等。再一个就是配合任务来侦察地形。我印象特别深刻的是，有一次执行侦察任务，飞着飞着，干旱的沙漠中突然出现一条蜿蜒曲折的河流，环绕在河的四周是丰美的绿洲，有花、有草、有羊、有马，明艳动人，像是在黄色的画布上随意泼洒出一条绿色的风光带。

驻扎基地三个月，我对西北的艰苦有了直观的感受。第一关就是热。只要上飞机就一身汗，衣服都来不及换。我身上的飞行服一整天都是花的，也许在我这一生当中，最脏的就是那三个月了。背上、腿上，布满了汗碱，衣服上到处都是盐碱地图。里衣湿完湿外衣，我笑称是“地图套地图”。有一个飞行员说：“向党，你看你这衣服脏的。”我解释说：“这是刚刚洗过的，穿上就是这个样子，洗和不洗一个样。”还有就是太阳毒辣，脸很快晒得铁黑，我们出去一个个都赛“黑铁塔”。

尽管条件艰险，但基地科研工作者和广大官兵展现出了战天斗地的豪情。为了保障发射任务的顺利进行，也为开垦出一片工作生活的场所，官兵们耗费数十年心血，培育出绿色的防风带，一棵一棵的树苗全都是西北基地人像拉扯孩子一样灌溉成长的。还有成片的葡萄架，由于温差大、光照足，这儿的葡萄长得特别大，甜如蜜。基地就像是荒漠中的一个小城市，笔直的柏油路，闪烁的红绿灯，理发店、邮局、电影院、银行等一应俱全。

闲暇时，我们也和基地官兵聊聊天，扯扯家常。有人告诉我，当地的冷库中储存的是好多年的战备冻肉，很多设施都是为了应对战争冲突而设计的。我深有体会的是，基地安保特别严密，进出入基地有一层又一层身份审查、政治审查，确保正在进行试验的严格保密。

在我执行战备任务过程中，红旗—2某型导弹试射开始了。那一夜，我们整宿未眠，飞行服穿好，飞机保养到位，做到一声令下可以随时起飞。凌晨两三点钟，有战友惊呼："快看！"我顺着他手指的方向望去，墨蓝墨蓝的夜空中，从很遥远的地方升腾起两个亮点，这两个亮点划过上空，像彩虹似的，紧接着，碰到一起，亮点闪出一团火光，爆炸成功，试验成功！

试验成功的消息迅速传遍整个军营。与等待时的寂静无声形成鲜明对比的是，整个基地瞬间就沸腾了。歌唱声、敲着茶缸子的欢呼声，还有山呼海啸般的掌声。虽然我不是导弹的一线研发人员，但我也是任务的保障者、见证者。想到基地官兵在这荒芜之地数十年心血一朝梦圆，想到伟大的祖国伟大的军队又多了一型制敌利剑，我情不自禁落下热泪。

第二天一早，我们接到命令，马上起飞寻找导弹残骸，并带回残骸部件，进行深入核验。我驾驶米—8，在预测落地点附近低空盘查，很快我们就看到了散落的残骸。回想起来，就像是杨利伟第一次太空航行之后，着陆地球的那个返回舱，大小也差不多。我迅速着陆，走下飞机，和实验人员一起去查看。我惊叹着说：这一个东西科技含量可真高啊！一个一个小的集成块，里面红的绿的电线，密密麻麻，组成了这么大的一个装备。真可谓是千人一柄剑，万人一杆枪。无数科研人员、基地官兵，包括我们空军飞行员，都在为它服务，在它身上，寄予了科技强军的希望。

在我们准备回北京的前夜，基地举行盛大的庆功会、酒会，宴请参与试验的重要人员，也感谢空军飞行员的保障支持。我出席的时候，引起了在场人员的关注。蔚蓝的空军服，当时少见的女飞行员、女机长，大家都朝我投来了注目礼。基地司令员端着酒杯也走了过来，跟我们碰杯，说感谢空军同志支持。我解释说：司令员，我不会喝酒。司令员说，一小杯，意思意思。接着政委、参谋长一一来碰杯，都说意思意思。我敌不过他们的盛情，抿了一小口，真辣啊！

那天下午两点多钟，我们起飞回京。我走之前买了很多哈密瓜和西瓜，装上了飞机，带回去给战友们尝尝当地特产；加上我们两个机长，还有领航员老法师、机械师、特设员、地勤，一共六七个人，飞机满载。

午后，正是沙漠温度最高的时候。天上刮着热风，飞机加满了油，开始增速起飞。刚升空一点点，突然飞机转速一下子往下掉，飞机机头冲着地咣一下子，两个轮子啃在地上了。我脑袋一激灵，心想三个月任务都平安完成了，不能最后一哆嗦还出点事故。我手脚同时稳住飞机慢慢上升，随着高度的上升，飞机很快平稳了，我心里也踏实了下来。

我事后回想，前一天酒喝得多了些；看着指针向下掉手脚跟不上，热气流和温度的影响，干扰了我操作的准确度。往前飞的时候，变矩油门要柔和地提，一点一点抻着劲往上提，可是喝了酒没有准头，我提得有点粗鲁。在那样的情况下，变矩提过了后速度不是增加，反而是往下掉。飞机往下一降，没有升力，飞机像秤砣一样往下沉。幸亏我当时手脚快把飞机稳住了，如果不及时稳住，前轮一啃地，重新第二次着地，容易出现意想不到的严重后果。

这次飞行瑕疵，也为我今后飞行总结了经验。为什么说直升机在20米、30米以下是最危险的，因为在这个高度，飞机的马力没有发挥出来，飞机的动力没有完全产生作用，它需要一个增速过程。速度一点点增加起来了，升力才能产生，而在这个过程当中，油门的使用非常考究，需要十分的细腻。如果操作不当，它会适得其反。

我从酒泉返回之后，陈义红机组又前往酒泉，接替我们继续执行任务。陈义红回来告诉我，他看到了地上有两个坑，是直升机轮子砸在地上的坑。当地虽然是沙漠，但时间久了，沙漠的表层很硬很坚固，所以我失误的痕迹还在。这件事带来的教训就是飞行不能喝酒，无论什么场合谁劝酒都不能沾。

第五节　周向党：我和唐山人民在一起

命令：时间就是生命

时钟拨回到公元1976年7月28日3时42分，东经118.1度，北纬39.6度，在距地面16公里深处的地球外壳，中国河北省唐山市突然发生里氏7.9级强烈地震。23秒钟后，唐山被地震夷成废墟。

那一夜，我正在北京沙河机场，睡梦中，我突然被一阵摇晃的感觉惊醒。军人的直觉和在云南抗震救灾的经验告诉我，地震了！我起身一看，战友也都坐了起来。我们迅速跑到屋外空旷的地方，互相询问着战友们都出来没有，每个人的眼里都充满了忧虑。

事后，我的妹妹们告诉我，她们当时从屋里跑到大街上，看见北京深夜里满大街都是人。人们几乎都是穿着短衣服跑到大街上躲避地震，每人的脸上都是一副睡眼惺忪、惊魂未定的样子。飞行员们当天晚上都在机场上待着，北京城里的绝大部分老百姓也有了防范意识，他们都在户外搭起了各种各样的简易棚，人们住在简易棚里，忐忑不安地等待地震的余震早点过去。而此时，大家都一脸茫然，谁都不知道地震的震中究竟发生在哪里？是否有人员伤亡？

很快，我们看到了机场和塔台的指挥活动，听到直升机旋翼的轰鸣声。事后我得知，陈义红已经驾机起飞，成为第一批到达并发现唐山震中的飞行员。他第一时间传回了唐山震中的灾情信息，为党中央作救援决策起到了关键作用。我也是最早一批接到赴灾区执行救援任务的梯队，我们三架飞行组成了一个救援分队，飞赴唐山。

从北京到唐山的飞行距离并不远，但一路上我分秒难耐，恨不得马上就赶到灾区。云南地震的惨烈景象像放电影一样一幅幅在我眼前闪过。我知道，早一秒到达，正在死亡线上挣扎的灾区百姓就多一份生的希望。

在飞临唐山上空降落过程中，我从飞机的视角观察唐山，不由得倒吸一口凉气。“飞机下降到400米，看不见唐山；下降到200米，还是看不清，老天，唐山没了啊！”曾经楼房林立的唐山大地在震后已经成为一片瓦砾，废墟上到处是遇难者的遗体。

可怕的宁静！

从北京出发前，我们已经接到了领导传达的信息：唐山当地交通全部瘫痪。据中国电信局报告，“在与全国各地联络中，唯独唐山地区电话通信中断，呼叫若干次，均无回音”。唐山此刻与外界的联络和运输通道只有一条：就是飞行员们打造的空中航线。

我们来到了唐山机场上空。放眼望去，大塔台已经作废，幸运的是，唐山机场唯一的一条飞机跑道在这次大地震中基本完好，导航台在跑道一端还能使用。跑道长两千多米，中间是滑翔道和停机坪。没有地面交通，没有雷达，没有通信，只有机场范围内的超短波话筒可以用。

在这种情况下，临时指挥所开始投入工作。所谓的指挥所，就是机场工作人员为军地首长们临时找了一个还没有倒塌的房子，首长们就将这个房子当成临时的指挥部，开始研究部署救灾工作。当时的工作重点，一是接收飞机带来救援物资，二是安排运走受伤灾民。一架直升机可以容纳二三十个伤员，运输机可以拉一百多人。共有十来个机型参与抗震救援。

救援：与死神的赛跑

那几天，唐山市的马路两边，坑坑洼洼的河沟里，全是尸体。隔三五米，一家三五口，隔三五米，一家三五口，两边全是。大一点的路上能走车，小路走不了。

空气是混合的，有毛毛雨，还有尘土。人们的脸上没有表情，没有眼泪，呆呆的，恍惚的。晚上天黑了，飘过来的都是尸臭和防疫水的味道，绝望的味道。

我亲眼见到许多老百姓被救援官兵从垮塌的房屋下刨了出来，从倾倒的土墙下拉了出来，身上沾满了泥土，看不清楚五官，甚至看不清楚性别。许多人身上还流着鲜血，用纱布或者是破烂的布条简单包扎处理。有一些重伤员，看样子危在旦夕，抢救不过来了。路上不时跑过一辆辆的卡车，车上都是遇难者遗体，有的用蓝色的塑料袋装上了，还有些来不及收殓的就是腿、胳膊耷拉着。悲惨的情景比起云南地震还要令人揪心、痛心。唐山人员死伤惨重，主要是较大都市，楼房多、人员居住集中。

我所在机组的主要任务就是救人，尽一切力量把重伤员尽快运送到各大医院救治。直升机先是停在唐山机场，旋翼轰隆隆地转动着，等待运送伤员的车辆到来，随时起飞。一架飞机能够装二三十位伤员。伤员都抬上机后，我们就往北京、天津等地飞行。到了机场，伤员下机，等候的救护车再把他们一趟一趟地运往指定的医院。

我记不清飞行了多少次，每天就是在机场与机场之间往返。救援越往后，天气就越热，整个空气里面全都弥漫着腐尸的味道，我吃不下睡不着，每天红着眼睛咬着牙驾驶飞机执行任务，心里想的是尽可能多救一条性命，多挽救一个家庭。

除了运送伤员，我们还有保障首长、领导勘探灾情的任务。由于唐山市区街道原本就狭窄，加上地震损失惨重，城市道路被残垣断壁阻隔而无法畅通，军地首长们仅靠步行踏勘灾情，无法了解灾区全貌。北京军区空军副司令员等，乘坐直升机在市区上空低空飞行，发现唐山市的滦县、丰润县等地区也是重灾区，便及时调整部署重点灾区的救援方案，这为抢救人民生命发挥了宝贵的作用。

奇迹：创造历史的空军救援安全飞行

救援克服了重重困难，其中之一就是安全问题。

唐山机场当时作为空六军的军用机场，是一个老式机场，当时所有建筑都是日式的，机场里的房子都是石头结构，房顶上面盖的是瓦片。地震中，唐山机场的建筑大部分被损毁，航站楼、塔台也都遭受地震破坏而无法使用。唯一没有遭受破坏的是飞行跑道，就是这条跑道成了唐山大地震中的一条“空中生命通道”。

繁忙的起降，紧张的救援节奏，如何保障各类飞机在这一条跑道上有序交错成了一大考验。时值盛夏，空军派来3位参谋亲自拿着话筒轮流在唐山机场跑道上指挥飞机起降，他们一个个脸被晒红、脱皮，嗓子喊得沙哑。因为一条跑道最繁忙的时候每天要起降1000多架次，平均1 ~ 2分钟就起降两架，最密集的时候是一天中平均29秒起降一架飞机！我们飞行员就是在这种最原始的指挥办法下飞行，没有发生一起撞机事故、伤亡事故，创造了当时世界空军救援历史上安全飞行的奇迹。

在唐山的救援是终生难忘的。没有地方休息，我们许多人就睡在机场的泥地上。后来空军十三师的运输机也来了，我们又睡在机翼下面。还有飞行员在机场搭个草棚子，用竹子或者木头搭的，这就是值班飞行员们的简单休息室，坐的是从飞机上临时拆卸下来的座椅。伴随着余震、雨水、蚊子、尸臭味道，这就是我们在唐山度过的日日夜夜。

据统计，唐山地震造成65万多间民用建筑倒塌，24万多人死亡，超过16万人重伤，4000多个孩子成了孤儿。唐山大地震直接经济损失达30亿元人民币以上，地震罹难场面惨烈到极点，为世界罕见。我作为空军抗震救灾人员之一，见证了令人恐惧的人间惨剧，见证了全国人民齐心协力战胜灾难的强大气魄，也见证了唐山人民自强不息凤凰涅槃的伟大精神。迄今为止，唐山政府和百姓没有忘记我和陈义红当年做出的贡献，授予我们许多荣誉称号，邀请我们再访这座劫后余生的城市。

唐山，我为你祈祷和祝福。

第六节　陈义红：心心相印，所向披靡

810808：一次完美的指挥，一个完美的归来

如果说飞行员家庭与其他的家庭有什么不一样，就是我们比平常家庭多了一个终身的伴侣，它就是我们的飞机，我们的蓝天，我们的飞行。

我们部队有一个规定，凡是有单机出去回来的，必须由指挥员亲临现场进行指挥，而且须是副大队长级别以上的。那一年，我还是飞行副大队长，飞行管委会控制室告诉我们，有一架米—8飞机从云南中越冲突前线回北京，叫我到机场迎接飞机组织指挥。

接到任务后，我提前半个多小时到达机场，走上塔台。我咨询了气象工作人员、调度工作人员，气象员跟我讲，今天天气可能不是很好，这架飞机不一定回得来。我问什么原因，他说北京地区可能有雷雨。我问雷雨从什么地方起，是从北往南

移动，还是从东往西移动，趋势怎么走的，他说逐渐向北靠拢。而这架米—8飞机正好是从南开始，沿着一号走廊往北走。

飞过北京的飞行员都知道，首都机场出来的那条线是一号走廊，一个宽8公里，长60公里的空中走廊，所有的飞机只能在走廊当中走，不能有任何偏差。二号走廊是从南苑机场出来往南走的那条线。还有一条线是三号走廊，往西北张家口方向走的。

我对这次指挥如此上心，一是责任所系，任务所在，二是还有一点点私心，这架米—8的飞行员是向党，那是向党第二次到中越边境执行任务，走的时候是秋天，回来的时候已经是春天了。

飞机从南向北移动，云也是从南向北移动，两者预计到达机场的时间正好顶上。我一想到她在外面辛苦那么长时间，如果降落不了，又要在外面住一宿，心里很焦急。我下了决心，一定要把她安全地迎到机场，早点平安回来。

“810808，说出你的位置。”

我从电波里开始呼叫。

按照惯例，飞机到首都机场上空开始呼叫，但那一次，我在她还没进入走廊就开始呼叫。

“810808，预达时间是多少？”

然后我告诉她，有雷雨云要经过，要抓紧时间赶在雷雨云之前降落。

“810808，你现在速度是多少？”

“200。”

“保持表数，提速230至250，抢时间。”

我眼睛紧盯着气象的数据，不断计算着和雷雨云的赛跑。天气瞬息万变，很可能就抢不到降落的时间了。

“810808，现在高度多少？”

“1500公尺。”

“下降高度，至900公尺。到北京南台。”

“明白。”

飞行员们明白，北京首都机场有一个导航台，我们也有一个导航台，位置在南苑，叫南台。就在这个过程中，我发现云不对劲，向党还没到，我就急了，又呼叫她了。

“810808，请回答，立即下降高度600，直插南台。”

“明白。”

在对讲的过程当中，我能通过电波感受到，她心里很高兴。因为返航的旅途是她最亲密的爱人在机场直接指挥，爱这个字虽然没有说出口，但那一刻，浓浓的爱意在电波里传播着。

“810808，长五边落地。”

“明白。”

按照正常的指挥，指挥员一般没有这么多的指令，一般都是飞行员自己飞，加上飞机上还有领航员，所以机上人员都是根据仪表指示，自己判断到什么下降高度了，到什么位置了。但我恨不得多说一些，多引导一点，那就是我的情与爱。

“810808，可以落地。”

飞机刚刚落地，云就飘过来了，雨“哗”的下来了。那一天，向党的飞机一关车，雨打在机身玻璃上，咚咚地打着小鼓。

回家后向党告诉我，我在指挥台里的表达方式干脆利落，口齿清晰，一步到位，而且给人的感觉温柔，特别有信任度。

大家说，陈义红和周向党是电波传情。我说是对蓝天共同的爱，成就了我们的事业和家庭。

生死着陆，与死神擦肩而过

搏击长空是对雄鹰的历练，经历险情是对飞行员的磨砺。我经过的最危险的一次生死瞬间，是冬天里的一场夜间训练飞行。

那一天，我是作为飞行教员上的机，带飞的是师里王副参谋长。这也是执行任务的惯例，领导需要一个好的助手帮忙，他可以集中精力处理事情。当时王副参谋长间断夜间飞行的时间已经超过3个月，而间断3个月以上必须要进行带飞，恢复适应夜间飞行。那个晚上11点，我俩是第一批进场，他是第一个飞行。

起飞，高度2米。

向前走，高度25米。

速度，90公里。

增速，爬高。就在此时，我听到一阵大响。我的头顶方向，发动机的轴承断裂声传了过来，震动特别响。

这是一种令人头皮发麻的恐怖的声音，发动机轴承断裂的声音就在脑袋上头，就像是命运过来扼住我的喉咙。就在此时，发动机的涡轮叶片断裂了！这就不是命运扼住喉咙，而是直接给我打来一闷棍了。

发动机涡轮叶片一旦断裂，压缩空气送到燃烧室，燃烧室的温度就会高于2万摄氏度。压缩空气进去以后，钢珠变成了水珠，就从尾喷管喷出去。喷出来就是一个大火球。从外面看，就像是在放烟花。喷出去，散开，再喷，再散开，就像接连不断的烟花秀。在空中绽放之后，烟花继续下落，正值冬天，北京的草都干枯了，焦黄焦黄的，一点就着。也就在眨眼之间，整个机场的草地全着了，一片火海。

而此刻，空中还有三架飞机在飞行。

我一看不对，本能的反应是一把拽住驾驶杆往回一拉，飞机头仰起来，速度减小了。速度一减小，把油门往下一放。王副参谋长也发现情况异常，他直接操作迫降。

在他迫降的过程中，我不停提示他，最后他操作正确，迫降成功。

在草地迫降后，我下命令：所有人离开飞机，我一个人留下。因为我们有一个规定，教员要负责一切的安全。

听从我的命令，王副参谋长离开。我从右边教员座位起身，把发动机一拉，关车，然后断开油路断开电源，一切处理完毕，才最后一个下了飞机。我最担心的是万一发动机爆炸了怎么办，因为还有两箱满满的油。还好不到三分钟，全部处理完毕。

事故发生时，空中还有三架飞机，机场一片火海，谁都不敢讲话，更加小心地操作自己的飞机，他们和地面指挥员无形当中紧密地配合，让塔台指挥中心集中精力指挥我，不对我产生干扰。

我走下飞机，朝着安全的地方没走多远，脚一下子就软了，坐在了地上。人在高度紧张之后，一旦放松，身上绷的劲泄了下来，腿脚就抬不起来了。不远处，救护车、消防车的警报声响了起来，救护车开始寻找飞行员，消防车开始灭火。整个机场停止飞行训练，准备第二轮上飞机的，一看停飞就都往回走，谁也不敢吭气。

第二天白天再一看，飞机迫降点前50米就有一个很深的坑，那是机场的边界线，如果再往前稍微挪一点儿，飞机落下来就掉进坑里了。

这么大的事故，没有人告诉周向党。她当时在离机场很近的大队里待命，准备第二批飞行，听到机场里面救火的响声。周向党一听就不对了，机场怎么有灭火车的声音？并且机场里飞机的声音也不对，正常的飞机在飞行时都有声音，可是飞机的声音没有了，停了。向党着急了，骑着自行车就往机场跑。一路上不断见着有人回来，她追问机场怎么了，但没人回答她。

越是不讲，向党心里越发毛。单车骑到塔台，火已经扑灭，眼前一片漆黑。那一刻，向党经历了人生最大的一场虚惊，对失去爱人的恐惧，对孩子可能失去父亲的担忧，扑向了这名坚强的女飞行员。但我始终相信，我和她是心心相印的，哪怕再大的困难也击不倒这名坚强的女性。

飞行生涯中，特殊情况我遇到的很多。很多人经历过后会产生阴影，就不敢再上飞机了，但我的心理始终调适得很好，没有留下心理阴影。

后来我跟向党讲，飞行员就是要时刻绷紧弦，每次上飞机之前要做两手准备，一旦上了天，时刻都在做特殊情况处理，时刻都在和生命危险抗争，这是我们夫妻的命运，也是我俩坚贞不渝的选择。

周向党问过我：有一次她受了别人的栽赃造谣，我为什么能坚定地力争为我主持公道？我微笑着回答："你是党的女儿，你是我心目中最优秀的，你绝不会做对不起共产党员的事情。"向党说听了后心潮澎湃，战友、先生、老师、领导、丈夫……她非常感谢组织为她婚姻的选择，让她更加信任和依赖组织（图4-1）。

■图 4-1　党的女儿

第七节　携手共度生死关

陈义红是我的丈夫、是我的先生、是我生死与共的战友，是我共同翱翔蓝天的伉俪。

风风雨雨几十年，相濡以沫，我们有共同的理想，肩并肩用忠诚谱写人生。陈义红全心全意辅助我完成一心向党、回报社会、报答党的养育之恩的夙愿。我们手牵着手，共同经历了胜利、坎坷和艰难。年轻时，我们驾驶着战鹰，翱翔在祖国的蓝天。年龄大了，我们回归田园，驾驶着自己的越野奔驰在祖国广阔的大地上。

我们去过很多学校，到过很多国防教育基地，讲过很多次红色国防教育的故事。其中很多故事，是我们保家卫国亲身经历过的事，是我们驾驶着飞机执行任务的故事。比如，大兴安岭救火、孟加拉国救灾、唐山地震、云南地震、驻马店发大水、邢台地震，等等。听者听得激动，讲者讲得激动。我们体会到了孩子们的爱国之情，同时也懂得了我们的责任和价值。

2022年9月，我们受邀参加珠海航空表演。虽然曾经是飞行员，可是像这样大规模的航空表演，还是第一次参加，我们非常珍惜，也非常高兴。

因疫情出行不便，我们便自驾前往。在途中加油时，我们的车被一辆急速行驶的车猛烈撞击（一名女司机在惊慌失措的情况下错把油门当刹车）。当时因天气炎热，我穿着短袖衣服，身体裸露的部分破伤严重；衬衣遮盖的地方，皮肤瘀青严重。夏天的苍蝇犹如一堆战斗机，向我撕裂流血的伤口进行不间断地攻击，贪婪地吸着我胳膊上的血。对方的车已经面目全非，汽车的发动机裸露着，我们的车右侧后方被拦腰撞了一个坑，车是不能再开了。我因担心不能正常参加第二天的航空展览而顾不上这些，事故就交由交警来判定。

交警判定了对方全责，开了罚单，做了认定。我们为了不耽误参加珠海的航展，便想尽快赶路，但警察坚持让我们做伤势检查。

晚上7点多钟，我们赶到了珠海中医研究院。在这家医院，做核酸检测、挂急诊、拍片子，进行伤情检查。一路的奔波，在这稍作停留的间隙，我们借机去吃饭。在吃饭中，接到了医院医生的电话，催促我们马上回到医院，说陈义红检查的情况不好，我也感到了问题的严重性。

我们急匆匆地回到医院，配合医生做进一步的检查。随着检查项目的一项项增加，我的担忧也一步步加深。医院的科主任来了，主要负责人也来了，最后查出陈义红在主动脉处有一个动脉血管瘤，所在部位和大小都很危险。医院专家要求陈义红立即住院，并且平躺，不可随意活动。

医生不是亲人胜似亲人。当医生把病情的严重性和危险性告知我后，犹如晴天霹雳，脑子猛地一下就像炸了一样。我强忍心中的剧痛，努力分析着眼前的状况，下一步的安排，怎么能稳妥保证陈义红的安全。我问陈义红有没有哪里不舒服，他说没有什么感觉，很正常。我默默地感谢老天的眷顾。

夫妻本是蓝天鸟，大难来临比翼飞。

在沉重的压力下，我分析了陈义红的状况。对在珠海和回上海的条件利弊进行对比后，决定回上海治疗。是老天保佑，让我们在这偶然的情况下，发现了陈义红的健康问题。感谢苍天庇护，感谢珠海中医院的医生。

因陈义红身体暂时并无不适，第二天我们正常参加了航空展览。在招飞展区记者采访时，我们尽量展现出蓝天伉俪的风采，并表示我们深爱蓝天；在镜头前，我们也表达着对下一代的深情期望。我紧紧抓着陈义红的手，在珠海航空展厅诉说着期望，诉说着相信我们的祖国会更加富强。

看着年青一代的空中卫士，我内心充满骄傲。他们是最棒的，他们是我们祖国的精英栋梁，是我们中华民族的希望；展厅中先进的飞行器、机场高超的飞行技术表演，让我折服，让我赞叹！

国庆节假期的最后一天，陈义红住进了长海医院。医院专门成立了医疗组进行病理分析，各种准备研究完毕，安排陈义红进入了手术室。全麻前，陈义红用依依不舍的眼神看着我，我明白他在想什么。我拍拍他的肩，摸摸他的脸，拉着他的手，让他放心，我在外面等他。他在里面手术，我在外面等待。陈义红进行的是微创手术，主治医生从手术室出来，向我表示说手术顺利完成，非常成功。

陈义红从手术室出来，昏睡着，脸上没有一点血色，随后被直接推进了隔离室，家属不准进入。我趁此机会回家整理一下自己。从珠海赶回来，就带陈义红直接来住院了，到手术结束，还未休息，至此已经疲惫不堪。

睡至深夜，手机突然响起来，我的心马上一惊，赶紧叫上女儿，前往医院。医生让我进了特护病房，告诉我说陈义红醒来的第一件事就是要给我打电话。他还处于混沌状态，始终抓着我的手，嘴里不停地唠叨。看到他躺着的样子，我心里不是个滋味。因为被车撞过以后，我的半个身子都疼，腰也不舒服。我弓着腰、驼着背，咬牙坚持。陈义红安静了以后，医生才叫我们离开了特护病房。

天亮我去浦东公立医院进行核酸检测，同时还请邻居帮忙补办了社保卡，随后到医院陪护陈义红。手术后的陈义红，意识还未完全恢复，尤其在深夜一两点钟就混沌得厉害，手在空中指指画画。我按住他的肩，握住他的手，开始讲他曾经的经历：孟加拉国发大水救灾、参加唐山抗震救灾、大

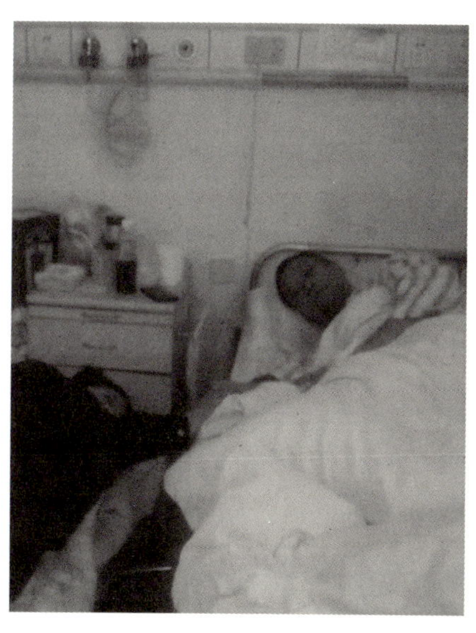

■图 4–2　长海医院不离不弃

兴安岭救火、邢台地震救灾、多次参加了中越边境反击战……讲他带领的团队都是硬骨头，能扛任务能飞行……他沉静而坦荡，无愧于人民，无愧于共产党员的称号。

手术后两三天，陈义红出院了。他是主动脉血管瘤，装了两个支架。回家后，为了帮助陈义红尽早恢复，需要陪他加强锻炼，多多活动。有一天陈义红刚刚到楼下边散步回来就说腰疼，头上的汗珠如黄豆大，不停地流，衣服湿透了，脸色也不对。我看到陈义红疼得非常厉害，脸色不好，我非常担心。我立即叫了救护车，把他及时送往医院。

医疗团队派了实习的医生在医疗大厅接待，同时在外地开会的一位主治医生也往医院里赶。对陈义红进行了各种检查，做好手术的准备，但主刀医生还没赶到医院时，陈义红的脸色已经非常难看，疼得不停翻滚，腿疼得不能碰了。

我一直拉着陈义红的手，他一刻不能离开我，他一直看着我。只要我在他身边，他就安心。负责的医生问我是怎么到医院来的？我说是120送来的，问我为什么送来医院？我说："我判断或者我担心是支架脱落。"医生简单了解情况后，便开始了手术，手术进行到深夜。

手术室的门打开，医生端着一个盘子给我看，盘子里面有很多血栓，血管让血栓给堵住了。陈义红从手术室推出来，脸上没有一点血色，瘦得骨头都非常明显，又是全麻。我抓着陈义红的车，努力跟着推车小跑。我的心在流血，在撕裂。泪水再也控制不住，往外冒着。陈义红被推进了特殊监护病房，我和护士商量着，希望能够进到里面，看护一下陈义红。他们说是规定不允许。这一次非常严格，陈义红的手机也不准许带进去。看到医院的严格管理，倒让我放宽些心。

主治医生就像自己的亲人，从外地开会赶回来首先去看望陈义红，陈义红的右腿成了大象腿，血液不通。为了保住陈义红的腿，医生当即决定两侧切开，开放型放水消肿。陈义红从特殊监护室回到了原来的小病房。看着陈义红右腿两侧切开未缝的伤口，绑着的纱布渗透出的血水，我心疼极了。每次换药，医生都让我出去，不让我看陈义红的伤口。

我不能没有陈义红，与其说陈义红离不开我，更不如说是我离不开他。我们是夫妻、是战友、是同事，他是我的领导、是我开飞机的教员。我们同甘共苦，同舟共济，有共同的目标。陈义红一直辅助支持我回报社会，让党放心，让人民满意。我们几十年相濡以沫，有共同做事的默契。此时此刻，不论如何都更希望他能早点恢复健康。

终于，在主治医生的高超医术与精心呵护下，陈义红出院了。

第五章

永不褪色的天空蓝

第一节　周向党：告别蓝天

飞，总是要落地的。

从第一次飞上蓝天的那一刻起，我就下定决心要把一生奉献给祖国的蓝天，奉献给神圣的飞行事业。但铁打的营盘流水的兵，不知不觉中，我在空34师服役已近20年了，在部队服役23年，再优秀的飞行员也得直面现实：停飞。

按照空军飞行员的惯例，一般是50岁停飞，而女同志一般飞到45岁左右。随着年龄的增长，尤其飞直升机女同志和带机翼的飞行员比起来职业年限更短，到了40多岁以后任务就越来越少。在飞行员的职业生涯里，42岁是一个坎，去和留都得做出选择，否则岁数太大到地方不太好安排工作。

我停飞的时候是41岁。

我把飞行生涯执行的最后几次任务牢牢记在心里。一次是许多外宾游览十三陵，我驾驶飞机执行外宾游十三陵的任务。

参观结束之后，很多外宾发现是女飞行员，精湛平稳的飞行技术令他们惊叹！都到我的飞机前面竖起大拇指："Very Good！"

还有一次是去西安执行一场电影拍摄任务。我们和很多解放军战士一起住在野外，恢复当时淮海战役的场景（图5–1、图5–2）。

■图5–1　执行任务机组合影

■图5–2　与相关人员执行任务

其实促进我做出停飞决定的，还有一个无可奈何的原因。当时我的眼睛视力不是很好，血小板比较低，每次都要到杭州疗养院去疗养、体检。为此，我找燕主任等医务人员治疗、恢复，让我的体检指标达到合格的标准，我一直努力坚持着，转业到地方去，换一个环境也是好事。

转业的第一个选择题已经定下，第二个选择题接踵而来：到北京还是到上海？

于我而言，我希望能够回北京。我那时候都已经联系好了北京崇文区政府，崇文区是我的故乡，一些叔叔阿姨都在崇文区任职，张本仁是政法委书记。我和崇文区的组织部部长见了面，谈了自己的基本情况，各级领导很认可我。

崇文区是我的故乡，崇文区的人民和政府一直把我从小养大，不论是对崇文区，还是对北京，我都有着抹不去的深厚感情。我想留在北京，回到生我养我的这片土地，到崇文区政府里工作。

可是陈义红提出了一条要求：回上海。他说："你如果要离开部队，我也想一起走，到地方去创一番事业。但父母年龄已经很大了，希望儿子回到身边来照顾。"他说自己十几岁就离开了上海，虽然在经济上给家里头进行了补贴，但没有亲力亲为尽过孝，所以希望对父母做点事情。

虽然说我非常舍不得北京，但是陈义红的父母也确实需要我们。百善孝为先，我的爱人既然提出来要为老人尽孝，我必须全力支持。我从小没有父母，他的父母就是我的父母。几乎没有犹豫，我当时就决定回上海。

跟组织报告了我的想法，上海军转办了解到这个情况以后，非常欢迎我回上海。当时上海军转办主任姓杨，亲自到北京把我的档案背回了上海。当时上海有一本杂志叫《海纳百川》，专门采写了一篇报道：《女飞行员周向党到上海》。几十年后，我在一次给军队退休老干部讲党课的过程当中，正好上海市民政局以及上海市拥军优属办公室主任也参加。一位男同志过来问我："周向党，你还认识我吗？你记得吗，你转业到上海，是我接待的你！你的档案是我们杨主任到北京去背来的。"世界这么小，兜兜转转，一路上总是遇到关心帮助我的人。

我停飞之后，转行在34师从事了一段时间政工工作，担任34师政治部副主任，正团职。转业，意味着要脱下穿了几十年的军装，我的心里充满了不舍和留恋。这次到上海，是我一个人先行一步，孩子跟着陈义红在北京继续生活。就像我第一次离家参军一样，也是我的妹妹们送我到北京火车站，从此离开北京去上海闯事业了，对未来的不确定和憧憬，对家和部队的留念，让我也忍不住泪水涟涟。妹妹们哭得一塌糊涂，送行的队伍里还有爱人、女儿和外甥女，一家人把我团团围住，似乎这样就能把我留下。我自己也痛彻心扉，再见了，北京的红墙绿瓦！再见了，深情厚谊的故土，养我爱我的乡亲们！再见了，难舍难分的故土北京！

在我离开北京的前一天，我专程去了一趟前门老故居。四合院里还有我一直帮扶的赵大爷。我和陈义红买了牛奶、鸡蛋、肉、菜去到这位孤寡老人家，告诉他我要转业到上海工作了。赵大爷浑浊的眼睛里淌出了热泪。也许是这件事对他的冲击太大，第二天，赵大爷突发疾病，吐血病逝了，我和陈义红知道此事后非常心痛，一天都没有吃饭。一想到这些，直到今天，我心还是愧疚得很。

到了上海之后，我的第一站是黄浦区民政局。

第二节　第一站：黄浦区民政局

到上海之后，我从一名在部队过惯几十年集体生活的军人，开始了一名地方老百姓的“不平凡生活”。

初到的那段时日，我有很多地方不适应，而我爱人陈义红前期还没有与我一同回上海，只有我先到了，所以在刚开始的地方生活上，曾经发生过很多有趣的事情。首先是语言问题，我上海话听不懂，卖菜的专门把不好的菜卖给我，而我又不会讨价还价，到后来往往是买了很多菜却不知道怎么吃。因为在部队是吃食堂，几十年不会烧饭，我看着那些菜真成了它认识我，我不认识它。比如，上海的草头不知如何下手，干脆洗了就一起炒，吃时都是筋，咬不动。有些菜摊主卖给我很多，吃不了只好送给隔壁邻居。

提到了做饭问题，还有一件趣事是关于烧煤炉的。在当时上海很多老百姓是用煤炉生火做饭，用煤气液化气罐做饭的家庭不多，但我又烧不好煤炉，下班回家做饭很麻烦。我就去问别人的煤气罐是怎么搞到的，他们说是地方立功的可以给煤气罐，我听说后就抱了一大堆军功章，找到区工会主席，问这么多军功章是否可以抵地方的一块立功章来换一罐煤气。黄浦区工会主席马上想办法，很快我也有了一个煤气罐。

谈完生活谈工作，到上海没两天，我就去工作单位报到了，黄浦区民政局是我从事地方工作的第一站。都说新官上任三把火，我这第一把火就烧到了安徽革命老区六安的金寨铁岭。

我是1990年10月份转业，1990年12月，就在我到任不久，安徽六安发大洪水，金寨需要紧急救灾。金寨县位于皖西边陲、大别山腹地，我接到的第一个任务是到上海市民政局开会领受救灾任务。黄浦区分管领导是当时的陈志荣副区长，黄浦区陈良宇区长一起开会，会议决定由我组织所属各委办局、区机关及各街道办事处募集衣被。

黄浦区所属各委办、部队、机关及街道的同志们听说我是部队来的，对我非常支持，整个黄浦区全都动起来了。尤其曾在部队当过兵的人工作积极主动，如江蕙里、空军87414部队、长征医院，从院长到部队指挥员，再到士兵。一听说周向党是给中央领导人开专机的女飞行员，刚刚从部队转业，一下子全都动员起来了。衣被募集得又快、又干净、又多。衣被都集中在黄浦区的一个大礼堂里，很快就塞了大礼堂的一大半。我们夺得上海第一名，上海市民政局局长孙金富来现场视察后特别高兴。

陈义红正好回家休假探亲，看孩子、做后勤，我安心在岗位上加班加点忙工作！去安徽代表上海市人民和政府送温暖，他支持我工作，任劳任怨，假期成了单亲奶爸。这就是一个共产党员人民利益至上的奉献精神！

那时候，救灾衣被理好了，我就到商业管理委员会要车，载重10吨的大卡车，安排了10辆运送募捐物资。定好时间后，10辆浩浩荡荡的大卡车，准时摆在了九江路上。我又协调了驻上海的空军部队，我给部队指战员做了战前动员，战士们干得虎虎生威。12月底温度很低，天气很冷，战士们后背都湿透了，累得满头都是汗。我看了很心疼，让他们休息，他们笑笑摇摇头。连夜我和战士们一起装车，本来计划两天一夜把募集的物品装在车上，结果所有的战士一宿没睡，只用了一天一夜，所有的东西都装到车上了。第二天区长陈良宇过来看的时候，战士们都打扫卫生了。我也是一宿未眠和战士们一起车上车下地装车。

10辆大卡车上面挂着旗子，大横幅写着“支援灾区亲人，慰问灾区亲人”，车两边红旗招展，一路绿灯拉到火车站。火车也是专列，很快就到了安徽。我跟着队伍到了安徽合肥，上海市民政局副局长钱关林亲自带队，代表全上海市人民和政府去送温暖去发言。各个区的民政局局长全都参加了。在合肥举行了交接仪式之后，我跟市关副局长请示说：“我要到革命老区去看看，我要把这些衣被亲自送到风雪大别山老区人民手里。”就这样，我又代表上海市政府到风雪大别山六安专区的金寨——铁岭。

六安出了60多位将军，是将军县。六安专区的专员陪着我把衣被送到了金寨县大别山里的五保户家里。我看到他们床上铺的是稻草，上面盖了一个床单，老百姓在寒风中瑟缩发抖，我心疼啊。我带头把身上带的所有钱都拿出来，捐给当地的老百姓。

当时有一户人家，妈妈精神失常，两个儿子学习成绩非常好。我进屋一看，家徒四壁，床上铺的就是柴火秆、麦秆，门板都没有，锅里头剩下一点豆腐渣。我问那个孩子学习上的事，说着说着，我的眼泪就流下来了。这是我离开部队的第一堂课，一堂不忘初心的课。我当时就定下决心："当官不为民做主，不如回家卖红薯！"

金寨是革命老区，那里有历史博物馆，有烈士碑。为了中华人民共和国的今天，当地老百姓付出了亲人的生命，可是他们的生活还过得这么苦，我们有责任，我们应该为他们做些什么。我当时的心情非常沉重。一路上，我嘱咐工作人员把这些照片、录像保存好，回上海后我就把这些照片和录像带回了黄浦区，这盘录像就在黄浦区各个委办局轮流放映。

黄浦区区长陈良宇、宣传部部长郭开荣等区府领导听我汇报，我发挥了飞行员的业务专长，拿了一块黑板，粗画了大别山的地形图。写了当时金寨的自然条件，水土保持不好，发大水，老百姓一贫如洗。山里人近亲结婚，小孩的基因也不好，残疾特别多。黄浦区领导很重视，就和金寨结了对子，也正因为我这第一脚是甩开步子、撸起袖子干得漂亮。再加上各个委办局都播放我去安徽金寨送温暖，带回两面锦旗的录像，名声大噪，据说我被列为黄浦区的后备梯队力量。

很快我被调到上海市政府纠正行业不正之风办公室工作。调离时我的领导黄浦区民政局局长告诉我："要买了爆竹让别人放！”我当时没有领悟。就觉得吕局长人非常好，也很忙（图5–3）。

■图 5–3 与吕型伟局长一同参加国家教育会议

纠风办办公室主任万学远说：“周向党这么好的人才放到这儿是浪费。”他们就把我介绍到上海航空公司。我见到了上海航空公司董事长，航空公司领导往上打报告，把我的名字报到了北京航空总局，希望让我恢复飞行。当时航空总局批复：“她已经40多岁了，培训费用和经济利润不匹配，还是专心做行政工作吧。”这是我到地方后的一个插曲，当时东方航空公司也是如此。我是航空学会的理事，航空学会的各级领导、各航空公司的领导、航空局的领导给了我最大的关怀和支持。

第三节　雷厉风行女局长

金寨之行，打响了我地方工作的第一炮。大家都说，黄浦区民政局来了一个女副局长，这个女副局长从讲话到办事各方面都响当当。春节前后，电视台等各大媒体都过来采访，地点是区政府大会议室。

我做主题发言之后，领导让我再给记者朋友汇报黄浦区防治艾滋病的事情。镜头、闪光灯对着我，而我当时几十年在部队，是中央专机部队的女飞行员，我还是第一次听到艾滋病这个名词。因此对艾滋病的相关情况一无所知，竟然卡壳了，脑瓜子一片空白，汗唰地下来了。我说实在不好意思，我刚刚转业到地方，艾滋病这些数据还没来得及了解，请大家谅解，这是一次洋相。

还有一次洋相，黄浦区开动员大会，所有街道办事的领导和负责人全都在大礼堂里坐着，我主持会议，进行动员，宣读文件。

那天我没吃早饭，往那儿一坐手心里头就有汗，虚脱的感觉。我跟身后的科长说，给我倒杯茶，最好放点糖。我故作镇静地喝了杯茶，开始发言。我说话的特点是掏心窝子讲，我说我是飞行员，应该为这些老区老百姓做实事，办好事，他们都很穷，我们不要忘了他们。革命先烈的亲属还在受苦，我们要帮助他们。我用真情打动了大家。到地方工作之后，我常常反思我的性格。我一生不会拍马屁，做人做事凭着自己的能力和良心。

我到上海的第一年，女儿也从北京来到了上海陪我，我加班加点顾不上照料，女儿就放在上海知名教育家于漪大姐家里头，于漪是师范附小校长，女儿在她学校就读。

初到上海，我们一开始住在浦东，孩子上学要过黄浦江。从家到学校要坐公交车。有一次汽车出故障，所有乘客中途下车，女儿和周围的人打听路，女儿说普通话，乘客司机说上海话，互相听不懂说的话。那天晚上都9点多了，我就在江边等着，后来看到一个小身影背着小书包过来了。我说怎么那么晚，她说妈妈我差点丢了，找不着家了。我吓坏了，赶紧给我女儿书本后头写上姓名、我的工作电话、家庭住址，告诉她遇到问题了就找警察找解放军和阿姨问路。

凭着年轻的一股冲劲，再加上女飞行员的光环，基本上我想办好的事情，都能办成。我给自己定的方向是为人民群众、为老百姓解决困难办实事，在黄浦区是办了几件有影响的事情（图5–4）。

2000年前后，我到市政府工作了半年时间，区领导找我谈话：“向党，现在你在政府机关的工作经验不错，可是你要当好管理者，必须了解基层的情况，今后才能够当好一把手。你基层工作经验没有，你要到下边了解基层工作情况。”我说既然组织这么决定了，我是共产党员，当过兵的人，一切听党的话，服从组织安排。

■图 5–4　周向党与世博外工商局长合影

去街道之前，组织找我谈话，说我有市政府、黄浦区民政局的工作经验，现在缺一个女副区长，让我先下去锻炼，锻炼的地点是浦东潍坊街道。所有去市政府纠风办锻炼的干部回去后全部提拔使用了，唯独我是职务没有动，还要下基层锻炼，更没有封官许愿。

我到街道遇到的第一个考验是带领干部群众到大马路、人行道捡垃圾和烟头，摆好停放的自行车，迎接上级的市容检查。潍坊一村居委的马主任，是一位老阿姨，她给了我一把火钳、一个塑料袋、一副手套，书记是部队退休的老干部。我走在大街上，看着垃圾和烟头犹豫了很久，心想我一个中央专机飞行员正团职干部，今天落难到上海大马路捡烟头，一弯腰低头眼泪不禁落了下来。随即我又安慰自己，这是公务员的工作。我嘴里念念有词地说着，是公仆迎接检查。我起身抬头看了看，并没有人注意我，我心中平静多了！

潍坊这里的居委会有23个，大多数书记、主任都在部队待过，尤其几个重点居委会都是部队退休的老干部，我对他们有着由衷的亲切感，他们也支持我关爱我。

到浦东潍坊街道三四个月后，中央宣布成立浦东新区。市政府与浦东新区管委会提出要求，所有的正在浦东任职干部一律不能动。我是黄浦区派到潍坊街道挂职锻炼的干部，将来要到黄浦区提拔使用，我们一起在市里纠风办锻炼的干部都提拔了，唯独我没有被提拔。市里领导说浪费人才，让我去航空公司，但我无所谓，不能动就不动了，到哪里都是为老百姓做事情。当时黄浦区给我们开欢送会，一人发了一块怀表，怀表背景是天安门。看到天安门，想起一路的成长经历，我心里暖暖的。周向党从来都是服从党的安排，从来不提额外要求，留下就留下，就这样我留在了浦东。

当时浦东没有成立区政府，管理委员会承担了搭班子的任务。我还是那句话，当官不为民做主，不如回家卖红薯，只要老百姓需要的，我就去做。陈义红也转业回到了上海，他特别有意思，下了班哪儿也不去，就到我们街道办事处，跟街道的干部群众搞得特别熟。陈义红到值班室陪人值班，我加班他就和别人打扑克，上上下下的人都特别喜欢他。

那时候，上海提出了创精神文明城市的口号，我萌生了创文明小区的想法。上海市文明办主任郭开荣主任，原来是黄浦区宣传部部长，非常支持我。我提出文明小区从文明生活开始，不能乱扔烟头，不能高空抛物，不能有邻里纠纷。

我组织了潍坊街道23个居委会书记、主任、居民群众代表创建文明小区誓师大会。在誓师大会上，潍坊二十几个居委会的书记、主任挨个表态：全力以赴，要人给人，要东西给东西，要经验给经验，优势互补，全员支持创建文明小区。我的做法是抓两头，带中间。当时竹园社区的硬件设施最好，新型小区，绿化面积大，最差的小区格局不好，房屋老旧。我就让先进小区支援落后小区，我带着书记、主任齐上阵，搞卫生，搞宣传，街道一时热火朝天。

创文明小区。为了发动群众，举办群众运动会，增加群众的凝聚力和参与度。家家表态，一个楼门接一个楼门地开动员会，我也参加动员，一起捡垃圾，动员发动的过程就是一个教育的过程，也是和人民群众交流沟通感情的过程。创文明小区第一条就是要整洁、干净，要发动所有的干部、公务员、居民们到街上去捡垃圾，我是第一个身体力行的。我记得在潍坊崂山路这条马路上，我带着大家捡烟头。我还开玩笑说，一个飞行员应该走到哪儿都被人家尊重的，尤其我是女飞行员，电影电视都拍过，走到哪儿人们都是仰着头看我。我和人民群众一起做，人民群众动得特别快，热情也特别高，我发现群众中有困难我就想办法帮助解决，所以我和人民群众建立了深厚的情谊。

一手抓环境卫生治理，一手还要抓文化娱乐，带动精神文明全面建设。我们组建了腰鼓队、时装队、太极拳队、舞蹈队、戏曲队、读书班，声势浩大，要求每个居委会必须有一支队伍。小区群众里也藏龙卧虎，在文化宫老师的带动下，每个居委会都有自己的特色强项。在洋泾中学大操场，我组织大比武，发奖励证书，街道的文化生活一下子火了起来。

上海市陈至力副书记牵头发动搞起“振兴中华读书活动”。我请来了《新闻晚报》的领导和记者，带领群众开展读书活动。我和浦东新区的文化馆、图书馆馆长联系，正好有黄浦区的图书馆要重新装修，淘汰了很多旧的书架，我找部队要了三个大卡车，拉回的书架配备到每个居委会，小区群众里有教授、有作家，如叶辛、陈家儿、包启凡等，我请他们在读书班开讲座，一个四级读书网络创建了起来。1级是居委会，成立图书室。2级是街道图书馆，组织23个居委创办读书活动。每个小区建立读书园地、每个楼道建立板报墙，组织读书活动、交流读书心得，并贴在读书栏里。一场热火朝天的读书竞赛开始了。我当时宣传的理念是条块结合。条就是社区单位，块就是居委会。我把当时潍坊地区的各大单位和各个居委会结对子，叫他们互相帮助。比如说单位里需要勤杂工，需要招工，单位可以和居委会书记、主任联系。居委会给他推荐辖区下岗待业的人员，这样招工单位用这些人也放心。“文明共建，条块结合”形成声势，召开了经验大会。浦东新区没有文明办，没人抓这一块工作，就是我自己摸索着去做，创建了浦东新区的第一个文明小区——竹园文明小区，时任中央文明办主任丁关根都过来参观过。

当时新区管理委员会没有精神文明这个部门，我就争取领导支持，找管委会办公室的唐主任、宣传部的华部长、区政处的陈处长，这些领导也积极参与。浦东电视台经常报道，后来成立新区政府，林泉章副书记后来是人大常委会主任，也非常关心我的工作，他给我的评价是：有锲而不舍的拼搏精神！让我非常感动。

我积极发动群众参与活动，发动的过程就是宣传、教育的过程，也是我和人民群众建立情谊的过程。

创精神文明小区的成果出人意料的好，从楼上扔东西的人没有了，垃圾车里的垃圾减少了，邻里之间吵架生气的少了，当地老百姓在寓教于乐中感受到精神文明建设的效果，综合素质得到了提升。支持我的人越来越多，比如，当时90多岁的寿星老、少儿作家陈伯吹，我搞读书活动，一请他就去。还有许多企业也给予我帮助和支持。像上海市工业局、上海市美术公司，我们搞文化展览，美术公司给我们提供了很多宝贝，都是非常珍贵的化石。我当时弄了一个科普中心，把各个单位支援我的宝贝就放在科普中心的玻璃架子里，供老百姓参观学习。在香港回归那一年，我们举办香港回归书画展，他们还拿出了许多名人名家的书法画作，参与的群众从几岁到八九十岁，可以说潍坊街道的群众文化形成了轰动效应。

我们召开了“条块结合”的动员表彰大会，在大会上单位和各个居委会结对子领困难户，一个单位给困难户一个月100元捐助，一年1200元，最多一次结了200多户。

第四节　蓝天下的一片净土

到地方工作一段时间后，我依然会想起曾经翱翔蓝天的日子。飞行员的世界非常地纯粹，就像那碧蓝如洗的天空，不含一丝杂质。蓝天已经融入我的血脉，无论走到哪个岗位，我始终怀着赤诚之心待人待事。对待领导，怀着真诚的敬意，争取他们在工作上的关怀帮助，对待群众，怀着真诚的爱意，争取他们的理解和参与。一路走来，我广交好友，广结善缘，取得了令人瞩目的业绩，成为上海精神文明建设的一面旗帜。

成为旗帜，就要有旗帜的担当。我想，创建文明小区与解决群众困难是不可分割的两件事，只有群众生活好了，后顾之忧少了，精神文明建设才能持久地火热下去。我扑下身子摸底，掌握了辖区内困难群众的一手资料。

当时正值下岗潮，许多家里的顶梁柱下岗，家里一下子没了生活来源。为此，我创建了文明共建活动，解决办法仍是条块结合。条就是社区内的各单位，块就是居委会。我把当时潍坊这个地区的各大单位和各个居委会结成对子，要求他们互相帮助、建立信息沟通机制。比如说单位里需要勤杂工、需要电工等，他可以和居委会书记、主任联系，居委会给他推荐辖区有相应能力的下岗待业人员，有了居委会把关，招工单位用这些人也放心。“文明共建、条块结合”形成声势，召开大会，上海市文明办主任郭主任参加了，在大会上他给了我们很高的评价！说是精神文明的一个里程碑。为此还召开了经验推广现场大会。我分管的辖区内有些困难群众。上海人把孤寡老人叫作“孤老”，在潍坊街道有位孤老，他还领养了3个孤儿，最小的孤儿才5岁，还有一个孤儿长大了因病瘫痪，生活特别困难。我给孤老牵线搭桥，上海市海关总署属于潍坊地区，我就请海关和这位孤老结成对子，海关工会负责每个月给他们200块钱，一年给他们2400块钱。许多年之后我去回访，海关给孤老的资助仍在继续。每月200元当时能给一个困难家庭解决大问题。

那些年，对于有一些生活困难的老百姓，尤其是单亲家庭的孩子或孤儿，我就自己和孩子结对子，利用女飞行员的身份邀请当地的企业结了几百对。企业给每个孩子一个月100块钱。一年拿出1200块钱，对企业来讲是个小数目，但对困难家庭而言，是实实在在解了难题。

在春节文明共建联欢会上，我把这些特殊家庭的孩子和企业家们都请来，孩子们只要拿到奖状的，个个都有奖励，当时23个居委会集合起来的特殊孩子有几百人，我就分不同情况给予不同的奖励。有奖50元的，困难的就给200元，还有一家很困难就给300元，对于困难家庭的大学生，企业就结对到大学毕业至安排工作。当时浦东新区分管社区教育的胡本木说，向党是功德无量。我想功德谈不上，为困难群众做事，是我这个共产党员的本分。

潍坊街道的精神文明建设受到了上海市乃至全国的表彰，荣誉纷至沓来。街道被评为“上海市青少年保护先进集体”“全国社区教育先进集体”，我还参加了全国的社区群众文化先进代表会，代表上海去中国台湾进行文化交流，参加了全国第五届社区教育先进代表大会，等等。

我获得了上海市精神文明优秀组织者称号，被评为上海市读书活动优秀组织者、上海市老年工作先进、上海市青少年保护先进、上海市社区教育工作先进。

居委会干部和人民群众的积极性充分调动起来了，初步实现了群众积极参与，自我教育、自我服务、自我互助、自我监督的良好态势。

第五节　飞行员也出洋相：不会坐飞机

获得全国精神文明建设先进个人的荣誉之后，我受命去南方各地介绍经验、参观学习。我印象很深，坐船去了长江三峡，回上海的时候坐飞机。

我这个人是工作细致，生活马虎，家里的大事小事一般都是陈义红管理，于是就养成了一个习惯，从来不拿包，不大管事。这一路参观讲课，我到了不少地方，买了一大堆土特产带着，正兴高采烈地和这些书记、主任、局长往机场走。可一到车上，工作人员说，要收身份证。我一愣："什么？坐飞机还要身份证啊。哎呀，我没带身份证。"工作人员问我有什么其他证件，我是什么证件也没带。这么多年我飞行，都是直接夹个包就上飞机，从来没有想过上飞机还要证件。

有人出主意让我坐火车。我心想，你们都坐飞机，叫我坐火车，怎么可能呢？我也不着急，在我的字典里头没有难的事，我只要想做的事保证都能做到，想要做好的事，多大困难我都能克服。这么一想，我心里也不着急，一路走，一路唱"长江流水长又长啊”。人家看我也不着急，还在那儿唱歌，都说向党你是不是骗我们啊，你带身份证了吧？我说这有什么着急的，没带身份证就上不去飞机吗？到了机场，开始检票。大家拿着身份证去排队检票，原来帮我拎着的土特产都堆到我脚边，我才意识到问题的严重程度。我真的要单身了！飞行员的脑子都是训练出来的，碰到特殊情况不能傻着急，脑袋瓜飞转，怎么办呢？我就想了想，哼，你们都走了，这个机场谁最大我就找谁去。我跑到机场值班室，看到那个玻璃板下面压了一个通讯录，我就往通讯录最上面看，通讯录的最上面是总裁、副总裁，厦门机场的总裁是王燕飞，我把电话拿起来就打。电话接通了，是一个男中音。你找谁？我说我是第四批女飞行员周向党，找王燕飞。“我就是王燕飞啊，我知道周向党，第四批女飞行员，34师的。”我说：“是啊，是啊，我是周向党。”这下我高兴了，他认识我。

王总裁告诉我，有女飞行员底建秀在他们机场。我一听就更高兴了，底建秀飞行员是我们第四批的女飞行员，很优秀，是优秀典型。还说起了飞行员的爱人。我心想要抓紧时间告诉他，我没有带身份证的事情，我是要上飞机。我说王总裁我要上飞机没有带身份证啊，其他人都要上飞机了，只有我还在厦门机场安检办公室。他让我把电话给值班室的人，值班室的同志接听电话以后，在我的机票上写了几行字，我又哼哼唧唧唱起来了“我爱祖国的蓝天”，飞奔着整理东西去找同事。

同事们排队检完票，看我兴高采烈地来了。大家七手八脚帮我拿上行李，我就把机票翻过来给安检人员看，上面写着王总裁特批，我就进去了。

上了飞机很亲切，飞机上的工作人员都像是战友。我突发奇想，我们航校里的飞行员遍布全国各地，今天飞行的机长是谁？空姐说叫沈立群。是我们一〇〇团沈立群机长，我认识啊，我跟空姐说，你去告诉机长，说周向党来了。开始她还不敢去说，我说去吧，不要害怕，就说是周向党就行了。空姐被我逼得去了，不一会儿，驾驶舱门一开，沈立群一撩帘子过来了，高高大大的个子，很帅气的飞行员。“向党，你来了，你怎么也不跟我们打个招呼。”机长沈立群让空姐安排我坐特等舱。

空姐把我请到了特等舱，飞机起飞后20分钟，驾驶舱门又开了，出来个小伙子告诉我，我们机长让你进去。我进到驾驶舱里，坐在机务的位置，立群问：“向党，你怎么也不联系老同学，也不打个电话。”我告诉他，我请不下假来。我说你们现在天上飞，我在地下爬着，我对蓝天始终怀着割舍不下的情怀呀。他告诉我他爱人小底去美国学习改装大飞机了，他还把家里的电话写给我，让我常联系。后来我回到了自己座位，大家唏嘘不已，问我怎么不联系这样的朋友，我告诉大家，飞行员的同行毕业分配，在全国都有很多，联系不过来。

大家心里都记住了我的这次洋相。

第六节　勋名满社区，功业在潍坊

自从我飞行转业到了上海，就撸起袖子拼命干，大力开展精神文明建设，女飞行员的名声在黄浦江两岸流传。有领导跟我提出要求，能不能给浦东区弄来一架退役的飞机，在街道社区开展国防教育（图5–5）。

■图 5–5　飞机交接

潍坊科普中心建设起来之后，我也动过心思，想弄一架飞机放到科普中心国防教育园地。恰逢我加入了上海航空学会，学会里有韩司令员、赵副司令员，空指的领导，大家一起出主意想办法。有人出主意，先到浦东新区开个证明，我就找到当时浦东新区副区长，他非常支持，我拿着他开的浦东新区开展国防教育需要飞机的申请证明报到北京，韩司令回复说军委每年批一次退役飞机，街道办事处虽然小，但也支持我们。

指标批了下来，飞机在江苏的光复机场。我记得是一个炎热的暑天，拆装飞机的空军机务人员一个个汗流浃背。在飞机身刷机号时，我提议刷上349010。这6个数字对于我有着特殊的意义。34代表空军34师，9010是因为我于1990年10月份转业，349010机号是对我空军飞行生涯的一个纪念（图5-6）。

■图 5-6　送往浦东新区潍坊街道科普中心的退役飞机

飞机先是拆散装运，然后起运从光复机场到上海，再到潍坊街道，中间经历了重重困难。居民区楼房密集，电线横七竖八的，几辆大吊车一起作业，我俨然是一个有条不紊的指挥员，一声令下："开始准备、起吊！上、停、起、过！注意电线！"全场静极了。军民全部听从我的指挥！老百姓都仰着脖子围着看，歼击机最终安装在浦东新区潍坊街道的科普中心。

军民举行了盛大的交接仪式，光复机场、浦东新区的领导、上海航空学会的领导大多数都来了。东方航空公司、上海航空公司的总裁也都到了现场，给予了很大的支持。

交接仪式结束，这些与航空相关的领导、战友都兴致高昂，我提议，都到我家去吃饭，赵副司令开着警车，后面是各领导的车队，浩浩荡荡进入了我们小区。各个房间里都坐满了人。我把茅台酒打开，这是我保存多年的佳酿，酒液呈现琥珀样的黄色，一倒出来满屋芬芳。大家沉醉在酒香里，也沉醉在飞行事业的美好回忆里。

随着我在街道的工作业绩逐渐凸显，一些不愉快的事情也陆续发生，就像一首正在欢快流畅奏响的钢琴曲，里面掺进了不和谐的音符。而我刚正不阿，不善妥协的性格，让我"吃了亏"。

当时城管队伍刚刚成立，一位城管人员和老百姓发生了冲突，路边一位老干部看不惯，站出来说了几句公道话，城管一个女同志上去就给这位老同志两个大嘴巴子。老干部已经60多岁了，干了一辈子革命工作，却因为路见不平被打了嘴巴，想不通。他找到我，向我倾吐不满。

我做了调查，了解到老干部讲述的都是实情。首先是城管的同志犯了错，态度粗野并且动手打了老同志。是包庇纵容，还是严格约束，我选择了后者。我要求打人的城管队员向老干部做检讨，买上水果登门道歉。可有些领导不赞同我的做法，在不同场合对我提出了批评，说什么是用流氓管流氓。

这件事让我很不愉快，我的理念中，老百姓大都是通情达理的，是支持我们工作的，哪能用暴力对待普通群众呢？晚上坐在书桌前，人民群众抚养我成长的一幕幕恍如昨日，我心中积郁，提笔写下这首诗：

谢仙辅

我踏云落东海边，
在沪相遇众多仙。
随歌伴舞做公仆，
捧心相谢众仙辅。

不久，我接到了从潍坊街道调到东明路街道的调令，得知消息，和我有工作关系的上海市教委、社区教育联合会协会的领导都很惊讶，大家都说怎么搞的，一到干得非常好的时候就要调走，这个决定是不对的。老百姓自发给我开了欢送大会，街道很多个居委会，每个居委会的群众都送我。他们知道我是北京人，喜欢吃饺子。都请我去吃饺子，吃完了还用盒子打包塞进我的书包。很多我帮扶过的老百姓哭着拉着我的手问：“向党，你不走行不行？”我说不行，这是组织决定。在潍坊的这些年，老百姓和我结下了很深厚的感情。

街道群众请来书法家，给我写上一句话：“勋名满社区，功业在潍坊。”我离开那里已经几十年了，很多老百姓还仍然记挂我和我保持联系。比如，后来谈美珍来给我拜年，讲起在潍坊街道我们共同工作的故事，很多细节我都忘了，她记忆犹新。她对我非常地尊重，讲得我们两个人都非常感动，很多事情觉得非常难忘。

以下的几段就是谈美珍在微信里的回忆。

在那段人生的旅程上，您曾经工作上对我的呵护，成就了今天的我，您不仅深入民心，而且从生活上对我和我孩子的关心，我无比感激，并将铭记于心。当时我在您的手下，在文化站做群众文化工作，经常需要很晚回家，我爱人不在身边，家里孩子小，常常一个人在家，的确很辛苦。有一次当您知道我孩子生病时，您下班在自己家烧好粥，开着车来我家探望孩子，当时我很感动，心想这样的领导很不常见。

主任，您是一个德才兼备、文武双全的好领导。

您始终保持着党的优良传统，保持公仆本色，听民声，解民忧，永远同人民群众同甘共苦，永远为人民群众谋幸福。曾记得在一次（勋名满社区，功业在潍坊）社区群众庆祝会上，您与百姓打成一片，在百姓一片高呼周主任来一个（上台唱歌）时，您毫无保留一展歌喉，可是您每次独唱，都会让我们即兴表演伴舞，吓得科长小蔡当时就对我说，主任又要伴舞，说完他就溜走了，可我溜不了，否则没人给您伴舞。您唱歌的时候，我在您后面手舞足蹈（伴舞），看着大家激动兴奋的，我真的很感动，心想主任您才是一个地地道道为民办实事的好领导。

20多年前，我们一起风雨同舟，您那为民造福的敬业精神，放下官位，走入基层，来到我们这支民间拳操队，跟我们打成一片，最终您把我引进了潍坊街道，担任了文化站的工作。人们都说：千里马好找，伯乐不好找，您就是传说中的伯乐。

您常常会告诉我们：当官不为民做主，不如回家卖红薯。直至今日，还在我耳边回旋。在您的拼搏精神下，很多不可能办到的事，变成了可能。

最深刻的一次，您让我三天之内组织一支100人腰鼓队，因为1996年时上海根本没有人打腰鼓，在上海快要失传了，更谈不上有腰鼓，然而您却跟我说：有条件要上，没有条件创造条件也要上。我走遍了上海的每个角落，两脚上都走出了泡，才找到了腰鼓，最终三天之内培训出了一支100人的腰鼓队，得到了主任您的认可。

可是您不知道当时我回家，背着您流泪了……

周主任：您不用有歉意，成功的路上是没有捷径的，汗水和泪水是磨炼自己强大的见证。您处事坚决果断，雷厉风行，可见您才智过人。在每一次大大小小的群众文化活动中，您都亲临一线，坐镇指挥，眼里容不下半点沙子，记得有次我请来了上海市舞蹈学校老师到我们社区教舞蹈，在教学中因为您觉得不合理，您自己上去跳，最后把老师气走了。当时，我太没面子了，一赌气，我也好几天没来。为了和您怄气，一剪刀把大长辫子剪了进行反抗（当时您特别喜欢我的长辫子），当您知道我把辫子剪了，很心疼我，特约我去您办公室，并且对我说：我的办公室不是随便可以进来的哟。（图5–7）

■图 5–7　老朋友、老部下谈美珍回忆我的口头禅“当官要为民做主”

当官不为民做主，不如回家卖红薯。这是我工作的标准和要求，我对我的部下也始终如此要求。我要求别人做到，首先我自己要做到，要做事先做人，要率先垂范。他们过年来看我，讲起了很多我们在一起的经历和取得的荣誉：创建全国先进和上海市先进、上海市精神文明，全国群众文化先进、上海市振兴中华读书先进、4级读书网络先进。谈美珍记忆犹新，讲了很多我们在一起拼搏向上的故事。回忆起来让我都很感动。有很多我都忘了。随着年龄的增长，我已经进入耄耋之年。对自己的团队和部下，应该多一些关心，多一些照顾。有些苦可以自己吃，可是尽量少让自己的团队成员去吃，努力去减少他们的负担。所以在此也表示歉意。

第六章

少年强则国强：倾心倾力创办少年军校

我家的窗外，正对着一片郁郁葱葱的花园，向外眺望，可以看见一年四季最美的景象：绿草从萌芽到蓬勃生长，碧桃含着无限的春意，对人微微笑着——轻盈而娇艳；花影射在横塘里，惹得鱼儿上下追逐。多么清新快乐的退休时光。大半辈子为了事业和梦想忙忙碌碌，终于迎来了属于自己的闲暇。周围的邻居和同事们，有的饱览祖国河山，甚至走遍世界著名景点；有的含饴弄孙，享受天伦之乐。女儿也劝我：辛苦数十载，也该放慢脚步享受生活了。

但当我收到上海警备区、各级武装部、各个院校打来的电话，请我去教学讲课时，当“将士讲师团”向我发出邀约进行全国巡讲时，我才发现，我内心深处对国防、对军队那一份深沉的热爱，从未因退休而褪色，爱党为民的情怀像熊熊燃烧的火焰，支撑着我继续奔赴下一个战场。

从领导岗位上退下来后，我接连不断参与了许多社会活动。慈善公益的募捐现场，有我的呼吁和呐喊；国防教育的课堂，有我和陈义红发自肺腑的讲述；孤寡老人的家中，有我不吝财物的资助。社会各界也给予了我和陈义红很多荣誉称号，称我们是“永不褪色的蓝天伉俪”。每日奔走着，讲述着，忙碌着，我和陈义红退而不休，始终保持着军人的本色作风。

做的宣讲多了，参加的大型活动丰富了，我在奔波之余，也常常思考着一个问题：哪一项工作是最值得我付出精力和心血，是最紧迫最急需的事业，是为党尽责为民分忧的事业？思来想去，做好当今青少年的爱国主义教育，培养他们正确的“三观”，加强他们的国防意识，是我在人生的“夕阳红”阶段最想做的事，也是最有意义的事。

一百多年前，梁启超曾经写过著名的《少年中国说》。其中的经典语句，我谙熟在心：“故今日之责任，不在他人，而全在我少年。少年智则国智，少年富则国富；少年强则国强，少年独立则国独立；少年自由则国自由，少年进步则国进步；少年胜于欧洲则国胜于欧洲，少年雄于地球则国雄于地球。红日初升，其道大光。河出伏流，一泻汪洋。潜龙腾渊，鳞爪飞扬。乳虎啸谷，百兽震惶。鹰隼试翼，风尘翕张。奇花初胎，矞矞皇皇。干将发硎，有作其芒。天戴其苍，地履其黄。纵有千古，横有八荒。前途似海，来日方长。美哉我少年中国，与天不老！壮哉我中国少年，与国无疆！”

第一次读到少年中国说时，我还是一名懵懵懂懂的少年，只记得班主任老师语重心长地说：“新中国的建设重任都在你们这一代身上！向党，你要不负自己的名字，不负党和人民的养育。”时光荏苒，回想我和陈义红这大半辈子，最关键的几步选择，都是在青少年时期做出的，最坚定的马克思主义信仰，也是从少年时就奠定了。尤其是我走上地方工作岗位，进入上海民政系统任职之后，我与许多孩子打过交道，我天然地对年青一代怀着喜爱和怜惜。许多和孩子们一起经历的往事，像画卷一样徐徐展开。

第一节　全国第一所少年航空军校

有人说我这一生不仅是奋斗的一生，也是屡创第一的一生。在小团队中，第一个入党、第一个放单飞、第一个做连长、第一个主动请缨奔赴灾区……但在我心中，有一个第一是无可替代的，那就是我亲手创办了全国第一所少年航空军校，打开了上海乃至全国兴办少年航空军校的序幕。

我在黄浦区民政局做过副局长，在市政府纠风办进行了锻炼，负责上海市各个区政府和市各个委办局的纠风工作。我在浦东新区潍坊街道办事处、陆家嘴街道办事处、东明路街道办事处做过主要领导干部。由于长期跑基层，辖区内的领导干部对我颇为熟悉，遇到麻烦事，第一个会想到我。那一天，林苑小学陆校长来到我的办公室，还没等我招呼他喝水，他就开门见山地说明了来意。

陆校长是南方人，说话却带着北方人的干脆利索："周主任，我们学校老师和学生的素质都有待提高，让人很不满意。孩子们上课的时候嬉闹乱跑，不认真听讲。老师做的榜样也不好，有的说话带脏字，有的随地吐痰乱扔垃圾，整个环境都不利于下一代成长。我知道您是从部队回来的领导，又是有名气的飞行员，您有没有办法管一管？”

林苑小学是辖区内的一所公办学校，我是父母官。更不能辜负陆校长的信任和求助，我必须接过这个烫手山芋。思前想后了几天，我渐渐有了主意。俗话说，牵牛要牵牛鼻子，抓问题要抓关键点。孩子和老师的问题出在哪儿？还是思想教育出了问题，理想信念有了偏差。搞教学我不是内行，但做思想工作我经验丰富，干脆成立一所少年航空军校吧！用军人的纪律约束人，用军人的信念感染人，用军人的作风培养人。

驻地的87414部队的官兵们都是我的老朋友，当年“千里挺进大别山”，给老区人民送衣送粮时就是他们支援的我，这么多年一直保持着良好的工作交往和友情联系。我的设想是，从87414部队请一批战士过来，按照部队的正规训练方法给老师和孩子们搞军训，同时利用我的个人关系，请来航天专家和飞行员，给同学们讲述飞行原理和航空航天知识，提高大家的学习热情。

我把想法和陆校长一说，陆校长一拍大腿：“周主任，我就知道您的主意多！”说干就干，我们马上起草了成立少年航空军校的计划，报到了浦东新区教育局。原想这么好的事，教育局从上到下应该大力支持呀，没想到却碰了钉子。接待我们的教育局办事员说，原则上不同意办军校，怕影响学生日常学习。还说是“学习时间都没有，搞什么军训，搞什么航空军校”？

我骨子里的“牛”劲上来了。这么好的事，你们不仅不支持，还说风凉话。我不服气，认准了是有利于孩子的事，我决不放弃。那些天，我泡在了社会发展局，一个一个地找领导谈，先后找到了分管教育的副局长、社发局党委书记、社发局局长，坐在他们的办公室里，我从学校的现状谈起，讲到未来的设想和规划，有理、有据、有节。最后领导们被我和陆校长的诚意打动，终于同意成立林苑少年航空军校。社发局局长在领导干部开会时指着我向大家说，我们的女飞行员又要起飞啦。

抗美援朝战斗英雄韩德彩中将，当时听说了我要办少年航空特色军校的事，也主动给予了很多支持和鼓励。通过他，我找到了南京军区被服厂，以最优惠的价格给孩子们订制了小军装。

俗话说得好，好的开始是成功的一半。当我和陆校长把军装一一发到每个学生手中时，孩子们都激动万分。他们争先恐后地把小小空军服装穿上，孩子们相互之间敬起了并不标准的军礼。看到这一幕，我心里有底了。孩子的内心都是向上向善的，他们对军装的喜爱，反映了他们对解放军的崇敬和喜爱。有了这身军装，不少孩子的精神面貌焕然一新，军训活动轰轰烈烈地开展了起来。

首先是军训教员进班排。每个班都是标准军事化管理，行走站立都有规范，老师带头参加军训。体育课变成军事训练课，老师、同学一起练习走正步。烈日下、风雨中，孩子们的小腰板挺得笔直，小胳膊摆臂一步一动，像模像样。最受欢迎的是擒拿格斗课，男孩们天生都是小武术家，听着操场上“嘿！”“哈！”的呼号声，常有路人好奇地在墙外围观。

■图 6–1　韩德彩送“党的女儿”

驻地高炮旅的旅长听说我抓少年军校，决定要让孩子们“震撼”一下，在牵引车的拉动下，一辆主战大炮被推到学校操场。旅长亲自指挥，做高炮模拟动作表演，整个学校都沸腾了。

我计划的第二步，是找到上海市航空协会，飞机发动机制造厂等高科技单位，请他们在硬件上给予援助。当时飞机制造厂的厂长十分爽快，厂里不用的飞机模型全部淘汰下来送到林苑小学，东方航空公司也支援了不同运输机的模型。航空科普中心受邀派来多位专家，定期给孩子们上航模表演课，教大家制作小飞机，学习航空科普知识。

训练、教学、科普几招齐下，经过一段时间，孩子的组织性、纪律性明显提高，过去怕苦怕累的“小皇帝”“小公主”少了，吃苦耐劳的精神加强了。在区和市里组织的摸底考试中，林苑小学的学习成绩排位也大幅跃升，排进浦东新区的前十名。

我和陆校长欣喜地把这些变化看到眼里，但怎样才能把孩子的进步拓展到整个社区甚至整个社会呢？我建议，在八一建军节那天，孩子们和战士们联合举办阅兵式，把每位家长都请到学校来，通过这场大展示活动，把孩子的正能量传播到社会。

八一那天，下着蒙蒙细雨。孩子们身着军装，在操场上或站或坐，一动不动。伴随着雄壮的阅兵进行曲，孩子们喊着口号，踢着正步走过主席台。阅兵结束后是班级表演，有擒拿格斗操，有武术功夫课，有航模演示，还有自编自演的少年军校校歌等。孩子稚嫩的眼神中透露出强军报国的坚定信念，幼小的身体里，爆发出令人敬佩的巨大能量。许多家长看得热泪盈眶，禁不住使劲鼓掌。

那一刻，我的眼睛也湿润了。在我眼中，这一个个小小的身躯，幻变成一只只雄鹰，一架架战机，一个个充满爱与力量的火种，飞翔到蔚蓝的天空、遥远的海疆，成为建设国防、支撑强国强军事业的希望！

这是我第一次与少年军校结缘，也是全国少年军校的一个成功示范。林苑少年航空军校成立时是1999年，当时是全国第一所以航空为主题的少年军校，并在2002年获评为第一批全国少年军校示范校，也是上海市唯一全国航空少年军校示范校。我从武装部长到其他领导岗位，始终关注这所学校的成长。在我的提议下，这所少年航空军校一直把飞行员八大素质作为军校的办学目标，从行为习惯、军校技能、自护技能等对孩子进行教育培养，形成了“以军辅德、以军促智、以军健体、以军创美、以军育劳”风格。学生在生动活泼的训练和严谨的教育环境下，学习现代国防的基本知识和技能，培养爱国情感和国防意识，强健体魄，磨砺意志品质（图6–2）。

■图 6–2　林苑少年航空军校 20 周年庆

第二节　蓝天伉俪与年轻飞行员结缘

人生中常常有许多决定命运的时刻，永恒的火焰在沉睡的灵魂中点燃了，就像电灯在黑暗的夜里突然亮起来一样。

年轻时，我幸运地得到了党和人民的关心，得到了许多军队领导战友的帮助，是他们在决定我命运的关键时刻点亮了一盏盏明灯，照亮我前行的路。如今，我也渐渐走入了点灯人的行列，用自己微薄的力量，为年轻人的人生转折加一把火，助一把力。

这些年来，我和陈义红居住在北京和上海两地，“热心肠”在工作辖区和居住地都出了名，这也给我招来了不少“闲事”，其中有一件“闲事”，连起我和一名优秀年轻人的缘，现在回想起来仍觉功德无量。

那天，我和陈义红正在上海梅园小区的公园里打拳，一个老太太急急忙忙找到我。我们和她并不相识，但她也常在公园锻炼，看着有些眼熟。

“周部长啊，陈书记啊，你们可得帮帮我呀，我都快急死了呀。我小外孙的事只有你们能帮了哦。”老太太上来就抓着我们的手不松开，说话因激动而有些语无伦次。

我们赶紧拉着她在石凳子上坐下，让她平静下来，询问来龙去脉。原来是老太太的外孙小许一直有着从军的梦想。高考时成绩很好，考取了上海一所知名高校。大一下学期，空军飞行员招生的通知传到了学校，小许马上报名。都知道招飞审核严格，小许接连通过了身体考核、文化测验、智力考评，政审也通过了。本以为板上钉钉要成为飞行员了，结果不知道是哪个环节耽误了事，眼看着同一批参加招飞的人都拿到了录取通知书，小许却消息全无。孩子茶饭不思，全家都像热锅上的蚂蚁急得团团转。

我一听，这是好事，孩子有志从军，尤其是愿意当飞行员，我和陈义红全力支持。我俩分析，问题应该还是出在政审这一块，我给陆家嘴武装部打电话核实情况，又通过组织科的负责人联系到孩子户口所在的街道。这几个单位的同志一听，都说要把好事办好，不耽误孩子入伍的大事。街道和武装部派专人到孩子家里了解情况，几天内政审的材料就发送到南空。孩子外婆兴高采烈地给我打电话：“孩子接到录取通知书了，正式录取了！”

小许尤其兴奋，和外婆一起到我家来感谢我们。初见小许，我被他的直率天真打动了，他跟我们讲他对蓝天的向往，讲他壮志凌云的情怀。他带着好奇问陈义红是哪个航校的，陈义红说是二航校的。孩子听了直蹦高：“我也是被二航校录取的！”过了一会儿又问：“周奶奶、陈爷爷，你们说我以后飞歼击机好还是运输机好呢？”看着他求知若渴的样子，陈义红从歼击机、运输机的特点讲起，讲到不同机种的优长和发展方向。一直到天黑，孩子才恋恋不舍与我们告别。走的时候跟我们保证，一定要成为优秀的飞行员。

我们在二航校里的老熟人很多，过了一段时间，我惦记小许，就把电话打过去询问孩子情况。教员告诉我，上海的孩子普遍有点娇气，这批从上海来的5个人已经停飞了4个，现在就剩下小许还在参训。不过他也不太泼辣，经不起批评，思想正在徘徊中。我一听这个情况，马上联系小许外婆，让孩子休假时务必和我们碰个面。

再次见到小许，他少了几分神采飞扬，多了沉默和犹豫。小许说，训练太苦太难，教练的要求很高，在他看来是"严得过分了"。反正有名牌大学托底，大不了回来继续读大二，也不耽误毕业拿文凭。

陈义红一听火了。他吃苦耐劳一辈子，走到哪都以空军飞行员为荣，在哪个岗位上都坚持着飞行员的本色作风，哪有好不容易招了飞，随随便便就打退堂鼓的？他耐心地给小许做思想工作："这个苦正是你所需要的，想上蓝天没有不吃苦的。我当学员的时候，教员批我批得还要厉害。那可不像现在教员只是口头批评，而是实打实的身体惩罚！教员让我背着降落伞跑十公里，跑一步，降落伞就在屁股后面打一次，跑十公里打十公里，这多难受！我们都是咬着牙往前跑啊！再说了，教员批评你，他是迫切想把自己的经验传授给你，你一下子做不到位他心里着急，一着急态度不是很好，但是你要想到教员是为你好……"

小许的情绪渐渐稳定，话也多了起来。我们把在俄罗斯跟“老毛子”学飞的故事讲给他听，让他理解飞行事业的艰难，让他感悟培养出一个优秀的飞行员也是教员的无上荣光。

这次见面，再次点燃了小许壮志凌云的决心。回到二航校之后，他一改娇骄二气，在同批飞行员中以较少的起落次数飞出了优异的成绩。放单飞那天，他专门给我们打来电话，与我们分享他的喜悦。

毕业后，小许分配到南空的某飞行部队，专门飞轰炸机。他回上海探家时，总要来看看我们，汇报一下思想和工作。他的外婆更是以此为傲，在公园里逢人就说，周部长、陈书记给我们家培养了一名优秀的飞行员。

和小许的交往，是偶得的一次缘分，也是两名老飞行员与一名年轻飞行员的梦想传递。人能成全他人，也能通过成全他人而使自己的人生更为圆满。对小许的倾力相助，也让我们感受到奋发向上的力量。一位作家曾把人生比作蜘蛛网，他说：“我们生活在世界上，对他人的爱，就像抖动一个大蜘蛛网。我影响他人，他人又影响他人。巨网振动，辗转波及，不知何处止，何时休。”我们已经老了，但我们愿成为一个火把，一个灯塔，照亮年轻人的光明之路。

第三节　两个小男孩，两条人生路

我不是教育家，但退休之后，我已经到从小学到大学的各个课堂讲了超过1000次课，足迹遍布大半个中国。我不是演说家，但我与祖国共成长的人生经历，感动了无数人。与台下的听众互动时，我最希望小孩子与我交流，最想听到这些祖国未来的接班人，如何看待红色文化，理解强军思想。

讲课时，我常常会提到两个小男孩。这是我与孩子们打交道的经历中，交往至深的两个孩子，他们都给我留下了难以磨灭的印象。也正是他们不同的人生轨迹，逐步影响我走上了为下一代服务的道路，萌发了创办全国少年军校的想法。

第一个小男孩叫姚雷超，认识他时，陆家嘴发起了一帮一结对子的活动。我作为陆家嘴的五老参加社区精神文明建设，必须要和自己辖区的困难群众、思想落后人员结对子。这件事不好干，所以大部分领导和工作人员都和群众组成帮扶小组，几个领导帮扶一家。因为我的时间不容易固定，加上我长期做群众工作，对老百姓的感情很深，有一定的经验。就提出：“我单独结吧，请组织给我选一个条件比较困难的。”就这样，小姚第一次走进了我的生活。

那一年，小姚11岁，户口在陆家嘴，实际居住地是耀华玻璃厂附近。他的父母都是劳改释放人员，曾经因为金融诈骗，透支信用卡被判了刑。从监狱出来后，夫妻俩既没有工作，也没有信心，生活像摇摇欲坠的草芥，十分艰难。

那一天，我和陈义红开着车，拎着油和大米，找到了小姚的家。

见到小姚的第一面，我就心疼了。这是一个沉默寡言的孩子，脸上带着同龄人不曾有的老成和忧郁，难得见到一个笑脸。我想亲近他，又怕伤害他的自尊心。他很谨慎地回答着我关切的问题，一边说话一边偷偷瞄我的表情。怎样才能亲近这样一名孩子，进而帮助他感染他呢。我想了想，得从他感兴趣的话题入手。那时候已经开始流行QQ了，我问他：“咱们能成为QQ好友吗？”孩子的眼睛亮了一下。他一定想不到，这个年过半百的奶奶居然这么时髦，还会网络聊天。就这样，我一点点走进了小姚的内心。

走的时候，我和小姚拉钩，希望他加入共青团，以思想上的进步，引导学业上的前进。小姚本身就是一个非常聪明的小男生，也特别争气，从那以后我们经常聊聊QQ，打打电话，听他说说成长的烦恼，分享他进步的喜悦。他学习不紧张的时候，我就到家里头看他，给他买东西作为奖励。时间长了，孩子也喜欢往我家这边跑。社区搞联欢会我也请他来，唱歌表演节目。

他在我家看见了空军六十周年纪念画册，爱不释手。我许诺他，等他有了进步，我就把画册送给他。慢慢地，报喜的电话越来越多，“我参加学校里比赛了！”“我考试进入前三名了。”我又许诺他，只要积极努力入团，我再奖励。那时候平板电脑兴起了，我的奖品就是平板电脑。

时光如白驹过隙，好像是一晃之间，小姚长大了。令我欣慰的是，孩子特别争气，高考考上了一所美术学院。我给小姚过生日，又把他邀请到街道办事处，办事处的史主任说，周部长你放心，小姚的工作安排就交到我们手上，我们一定安排妥当。孩子的爷爷奶奶也在场，两位老人流着眼泪，感谢我改变了孩子的命运，这样充满希望的生活，是他们过去想也不敢想的。

回想与小姚的交往过程，物质奖励只是其次，重点是我走进了孩子的内心，他愿意与我交流，向我倾诉，慢慢地被我的价值观所影响。这也让我由衷地体会到，与时俱进的思想教育，对一个青少年的感染力有多大！

而另一个小男孩的故事则要沉重许多。

这个男孩住在我家隔壁。父母都是生意人，买了老邻居的二手房。孩子来的时候还很小，肉团团的小娃娃，在地上爬来爬去，可爱极了。他常来我家，拿给他好吃的。后来大一点，爸爸妈妈不在家时，他就在我家玩耍。

我退休之后，社会活动很多，在上海住得渐渐少了，孩子的成长情况也知道得不多。有一回我和陈义红出差回来，才到楼梯口就听到他们家摔东西的声音、吵嚷的尖叫。我们赶紧上前敲门，门一开，我俩大吃一惊：这哪里还像个家呀，家具电器被砸得乱七八糟。这个孩子早已不是我印象中的小学生了，14岁的他，比父母高半头，手里提着一根棍子。陈义红大喝一声：“你干什么！”孩子把门一摔，跑没影了。

我们看着他长大，又是气，又是急，又是心疼。陈义红从1楼跑到18楼，挨着楼层找，心想一定要把孩子找回来。结果第二天陈义红就脑出血住院了。

从那以后，孩子妈妈把我们当成了救星。只要这孩子不听话，他妈妈就打电话找我们，好几回都闹到打110，警察到现场才停歇。他们家的经济条件不错，请了各科老师到家里辅导功课，夫妻挣的钱都花在了孩子身上。有一回孩子又闹了起来，砸电视打妈妈，我打了110，又把警察叫了过来。这孩子就指着我说，“你也撒谎，你说你给我买电脑，你不给我买。你说我考上学校你就给我买电脑，也没有买”。我当时一下就蒙了，当场拿出3000块钱，让孩子给我写保证，保证买了手提电脑就好好学习。

他妈妈对他讲，外婆说的是考大学后奖励。110警察也说，钱要交到居委会，不能直接给他。大家七嘴八舌，孩子勉强同意。学校和社区轮番给孩子做思想教育，孩子还是油盐不进，在高中阶段就退学了。

两个小男孩，两个贫富差距很大的家庭，培养出来的孩子却截然不同。每次上课我都讲，对于青少年而言，什么是最重要的？是金钱？是学习环境？还是名师名校？金钱能创造优越的生活环境，却不能保证孩子走上正确的人生道路。只有春风化雨的思想教育，品德熏陶，才是帮助青少年成人成才的根本。

两个小男孩，两条人生路。他们的故事有喜有悲，却时常让我辗转反侧。回想起当年我创办少年航空军校的成功经验，一个想法在我心中渐渐清晰。

附录一　忆往昔，峥嵘岁月

感谢各级各界的领导和人士关心支持，有很多有理想、有责任的仁人志士不遗余力为公益性义务参与搭建国防教育平台。为的是少年强，为的是中华民族繁荣富强。我非常感动于我们团队的核心成员对国家的责任心与奉献精神。

我的回忆与蓝天相关，与军队相关，与百姓相关，与持之以恒坚守的信仰相关。那些亲切的容貌，宛如悠悠的旋律，不时萦回在我心头。那些往昔的经历中，有战火硝烟，有平常时光，有恋人的倩影，有儿女的情怀，但怎么也比不上夫妻携手共同守卫祖国的蓝天那份深情！

我把发布在中央党校行政学院的纪念中国共产党成立100周年的寄语作为结束语。

每一位党员干部都应该牢记：我们的权力是无数知名或不知名的革命先烈抛头颅洒热血换来的！时刻不忘是人民赋予的权力，在其位谋其政，脚踏实地、认认真真、清清白白、把人民群众的事情办好，表里一致当好人民的公仆。让人民群众批卷、打分、满意！公生明廉生威，心底无私天地宽。每一位党员干部都要始终不忘初心，牢记使命，经得住各种考验，真正做到像习近平总书记所说的“我将无我，不负人民”，用忠诚谱写人生，让汗水铸就辉煌。

附录二　致敬蓝天守卫者——周向党大姐

尊敬的周向党大姐：

您好！

忆往昔：英雄的中国人民解放军空军，走过了73年的光辉历程，涌现出了无数个英雄个人和英雄集体，特别是女飞行员，她们克服了难以想象的困难，翱翔在祖国的蓝天，把国家天空装点得格外壮丽辉煌，周向党大姐就是佼佼者中的一员。

看今朝：人民空军沐浴党的阳光，伴随共和国前进的步伐不断成长壮大，如今已发展成一支由航空兵、空降兵等多兵种合成的空中尖兵，完全具有信息化条件下攻防兼备作战能力的现代化空中钢铁长城，这是伟大的传承和创造。而今，周向党大姐虽然已过芳华之年，但为了我国"少年军校"的建设发展、为伟大祖国下一代的茁壮成长，倾注了大量的心血和汗水，用实际行动展示了思想不老、精神不老、奉献不老的中国军人形象。

周向党大姐把理想交给了蓝天白云，绽放了绚丽的色彩和光芒，您是祖国蓝天保驾护航的卫士，真诚为您喝彩！衷心祝愿周向党大姐在新时代的伟大事业中，继续发挥更大的光和热，努力争做习近平总书记对全国广大妇女教导的“做伟大事业的建设者、做文明风尚的倡导者、做敢于追梦的奋斗者”的排头兵和领跑者。致敬蓝天守卫者——周向党大姐！

此致

敬礼！

崇敬您的战友：丁明德

2022年11月18日

附录三　学生感言

在周老师家寄宿的这段时光，于我而言不只是一段简简单单的经历，更是一个不断学习和自我成长的过程。

周老师善良正直、谦逊待人，她在生活和工作中展现出的为人处世的智慧，像一盏黑夜中指引方向的明灯，也像一把开启人生哲理大门的钥匙，无时无刻不在引导和帮助着我理解对的道理、做正确的选择和正确的事情，成为一个更好的自己。

“满招损，谦受益”，记得这是周老师之前经常对我说的一句话，虽然那时的我并不完全能够理解其中的深刻含义，但这句话却深深地刻在了我的心中，一直影响着我成长过程中待人接物的方式。现在的我也能够更好地理解谦恭二字的意义，“劳谦虚己，则附之者众；骄慢倨傲，则去之者多”。不论有多成功，当多大的官，有多高的地位，永远要保持一颗谦恭的心、以诚待人、尊重他人、低调做人、平平和和做事。

那时的我也是个特别调皮捣蛋的大男孩，而且做事总是没有长性，所以总是会惹老师生气，周老师会很严厉地训诫我一番。这时候，慈祥的伯伯（陈义红）会来打圆场，伯伯对我说：“男子汉要有担当，要说到做到，要坚持不懈。”周老师和伯伯的这些话在我心中播下了种子，每当我遇见困难的时候，总会想起他们说过“越是困难越要咬咬牙关坚持下去，就在那最艰难的一刻你坚持住了，阳光总会到来”。二位老师的这些话帮助我在成长中克服了一个又一个的困难。

感恩在我的生命里能与二位相遇，感恩二位一直以来的悉心指导！

（周向党学生——张贤杰，上海大华五金制品有限公司总经理、上海越野车俱乐部会长，专注公益救援、探索自然、保护自然。）

■ 周向党与学生张贤杰的合影

附录四　跨越星河的重逢

本书付梓之际，正值皓月当空、星河如虹，掩卷凭栏，极目远眺，脑海中一直跳跃着一个词：重逢！

以前总以为，人生最美好的是相遇；后来才明白，其实最难得的是重逢。沉浸在这些跳动的文字中，穿行于斑驳的岁月里，品读一对飞行伉俪平淡而又充满传奇的人生故事，您是否与编者一样：那些不曾远去的人和事，总是有一种似曾相识的感觉？那些闪耀在历史星空中的英雄，时常又在某个地方以更加年轻的面孔出现？这正是另一种重逢！

与先辈重逢在共同的信仰中。人民英雄纪念碑依然高耸于天安门广场，但那些为了国家和民族浴血奋战的英雄们却永远长眠在我们脚下的这片土地。从这个意义上来讲，周向党夫妇为我们讲述的那些看似平常却又惊心动魄的故事，其实就是另一种传承——虽然时代不同，使命不同，但在共同的信仰追求中，她读懂了父亲在枪林弹雨中的从容、在利益得失面前的笃定。这种血脉的传承，让她在以后的岁月中，不论经历什么样的困境，面对什么样的选择，都能够朝着信仰指引的方向，循着先辈的足迹前进。我们欣喜地看到，正是这种传承，才有我们层出不穷的英雄，才有革命事业的日新月异，才有一代代新式战机翱翔蓝天、一艘艘先进舰艇挺进深蓝……致敬每一代似曾相识的英雄，铭记那些因为共同的信仰而一路同行的身影。

与青春重逢在峥嵘的岁月中。毛主席诗云："恰同学少年，风华正茂。"青春是人生的花季，也是最美好的回忆。陈义红、周向党这对飞行伉俪笔下的青春，充满了火热的激情和革命浪漫主义色彩，他们把青春放飞在祖国的蓝天，融进梦想的诗行，让青春因为奋斗而更加光彩夺目，让人生因为青春的活力而精彩纷呈。这对于今天的我们而言，依然具有重要的启示：青春对于人生而言，只有一次，但我们如何在最美的年华里，不虚度、不迷茫、不蹉跎，却值得每个人认真思考！在编写此书的过程中，我们也时常在想，这样的传奇人生、这样的励志之旅，我们除了讲好故事，还能给亲爱的读者带来什么？尤其是给我们年轻的朋友们带来什么？当下，电子化阅读已成趋势、海量信息网上随处可得，我们的故事靠什么打动人心？但是现在，作为编者，我们心中的疑虑已经不复存在，因为我们在字里行间、在这一个个鲜活的故事中，找到了答案，那就是"激情"——青春的激情，值得每一个热爱生命、热爱生活的人们去追逐。

与爱情重逢在初见的浪漫中。人生若只如初见。但在平淡琐碎的生活消磨中，又有多少人能够记得初见时的怦然心动？或许因为珍贵，我们愈加感到战机"做媒"的爱情不仅浪漫，而且令人艳羡。本书虽然是讲一对飞行伉俪的人生故事，但是用在“爱情”上的笔墨并不多，这是因为，他们传奇的人生，需要向我们讲述的太多太多。但正是这不多的爱情故事中，却让我们看到了忠贞不渝、宛如初见的相守，看到了双向奔赴的美好，看到了相互成就彼此的另一种浪漫。我们在与初见时的浪漫重逢中，一句歌词不禁脱口而出，“为什么那时候的爱情，就能那样简单”。从这样简单的爱情中，我们品味出了爱是一种为彼此付出的奉献，爱也是一种相互包容的理解，爱更是一种不离不弃的坚守，爱还是一种双向奔赴的期待！当翱翔蓝天时，爱是托举梦想的双翼；当回归生活时，爱是相视一笑的默契。正是在这种平淡而又浪漫的故事中，我们仿佛也与过往的一幕幕重逢在山水之间，重逢在某一个爱的转角处，这或许就是爱情独有的魅力。

与梦想重逢在时代的荣光中。一代人有一代人的梦想，一代人有一代人的使命。当抗日游击队队长冒着炮火硝烟冲锋在齐鲁平原时，他的使命是用血肉之躯为身后的妻儿筑起最后一道屏障；当周向党为了能够熟练驾驶各型战机而一次次做出抉择时，他的使命便是为祖国铸就长空利剑；当王牌飞行员陈义红一次次闻令而动翱翔蓝天时，他的使命便是彰显军人生来为战胜的时代价值……这是他们的梦想，也是他们毕生追求的方向，他们用自己的奋斗和努力，做到了无愧于历史重托，无愧于人生选择。但是，当硝烟散尽，这样的梦想难道就随着岁月湮没于历史的长河了吗？当然不是！当我们看完这本书，细细回味鲜活在字里行间的那些人和事时，不禁会惊讶地发现，那样的梦想、那样的抉择、那样的面孔，似乎又以另一种形式呈现在我们面前：在战机巡航海天、在战舰挺进深蓝、在一次次危难关头，我们似乎都能从书中找到某一个瞬间、某一个细节与之吻合，这些梦想因沐浴时代的荣光而熠熠生辉，赋予了不同的历史意义。我们曾为之惊喜不已，相信亲爱的读者，也会因此而感慨良多。

桃李不言，下自成蹊。一切终将过去，一切也必将永恒！生命是一场轮回，但向光明行，朝着梦想的方向飞去，应是每个生命的运行轨迹。这或许是我们将这本书呈现在您面前，最质朴的初衷和最大的意义。

——中华新闻社副总编洪紫千

后记

《蓝天伉俪》出版了！这是本人人生中的一件大事。

在此，特别鸣谢中国AOPA退役飞行员分会办公室全体成员、山东省济南市平阴县退役军人事务局、济南市平阴县玫瑰镇西豆山村民委员会、世界青年联合会、上海社科院、上海市航空学会等单位的帮助。

本书也是对自己人生的一次梳理。整理过程中似乎有写不完的美好记忆，考虑到本书的篇幅，虽意犹未尽却不得不忍痛割爱。

在本书的编辑进程中，有苏俊杰、郑志宏、景在平、孟林、丁明德、邓国忠、宋崇道、汲德胜、夏乐洲、裴轶飞、张磊、庄郁峰、黄福翔、郭昭彬、刘继炳、闫善珍、阎焕敬、周长元、郑兆惪、陈宝华、毕玉恒、高红亮、杨胜杰、胡斌、史翌、顾辉、徐太春、李小钰、陆韦、蔺智名等友人的指导鼓励和鼎力相助，在此表示诚挚的感谢！

周向党

2023年夏

图书在版编目（CIP）数据

蓝天伉俪 / 周向党，陈义红著；洪斌主编. — 北京：中国文史出版社，2023.6

ISBN 978-7-5205-4113-8

Ⅰ. ①蓝…　Ⅱ. ①周… ②陈… ③洪…　Ⅲ. ①周向党—自传 ②陈义红—自传　Ⅳ. ①K825.2

中国国家版本馆CIP数据核字（2023）第097843号

责任编辑：张春霞　高　贝

出版发行：中国文史出版社

社　　址：北京市海淀区西八里庄69号院　邮编：100142

电　　话：010-81136606　81136602　81136603（发行部）

传　　真：010-81136655

印　　装：廊坊市海涛印刷有限公司

经　　销：全国新华书店

开　　本：787mm × 1092mm　1/16

印　　张：18.25　　字数：190千字

版　　次：2023年5月第1版

印　　次：2023年5月第1次印刷

定　　价：58.00元